赛金花 传

我的真相，在春天抵达

别业青 著

江苏凤凰文艺出版社

图书在版编目（CIP）数据

我的真相，在春天抵达：赛金花传 / 别业青著. -- 南京：江苏凤凰文艺出版社，2024.5
ISBN 978-7-5594-7906-8

Ⅰ. ①我… Ⅱ. ①别… Ⅲ. ①赛金花（约 1872-1936）—传记 Ⅳ. ① K828.5

中国国家版本馆 CIP 数据核字 (2023) 第 149479 号

我的真相，在春天抵达：赛金花传

别业青 著

出 版 人	张在健
责任编辑	傅一岑 张 婷
装帧设计	融蓝文化
责任印制	杨 丹
出版发行	江苏凤凰文艺出版社
	南京市中央路 165 号，邮编：210009
网 址	http://www.jswenyi.com
印 刷	南京艺中印务有限公司
开 本	880 毫米 × 1 230 毫米 1/32
印 张	7.25
字 数	153 千字
版 次	2024 年 5 月第 1 版
印 次	2024 年 5 月第 1 次印刷
书 号	ISBN 978-7-5594-7906-8
定 价	48.00 元

江苏凤凰文艺版图书凡印刷、装订错误，可向出版社调换，联系电话 025-83280257

目录

她不是孽海花（自序）		001

第一章　从花船姑娘到状元夫人　001
- 一　活着是唯一的信仰　003
- 二　富记花船上的十年　011
- 三　遇见未来的第一个丈夫　016
- 四　从彩云到梦鸾　024
- 五　作别苏州　030

第二章　欧洲风光　033
- 一　启程远行　035
- 二　生命中最任性而美好的三年　043
- 三　月亮化身的小孩　048
- 四　遇见俾斯麦　052
- 五　初遇瓦德西　055

第三章　繁华一梦终觉醒　　　059
　　一　回到北京　　　061
　　二　洪钧去世　　　066
　　三　重新漂泊　　　071

第四章　零落成泥香如故　　　079
　　一　再堕风尘·孙作舟　　　081
　　二　上海故事·书寓　　　087
　　三　天津金花班　　　095
　　四　八大胡同　　　100
　　五　生逢乱世　　　104
　　六　杨立山之死　　　107

第五章　谁成就了谁的传奇　　　111
　　一　一个会说德语的中国女人　　　113
　　二　所有的相遇都是久别重逢　　　118
　　三　再见德官　　　121
　　四　议和　　　124
　　五　人生唯有离别多　　　130

第六章　人生几度秋凉　　　　　131
　　一　无愧苍生　　　　　　　133
　　二　深牢大狱　　　　　　　137
　　三　曲终人散　　　　　　　142
　　四　第二任丈夫　　　　　　151
　　五　夫死女亡　　　　　　　156
　　六　种桃道士归何处　　　　161

第七章　最后一点的甜　　　　　167
　　一　上海京都赛寓　　　　　169
　　二　四十九岁时的一场"初恋"　173
　　三　最后一次婚姻　　　　　178
　　四　如意郎君　　　　　　　186
　　五　爱别离，求不得　　　　192

第八章　美人暮年　　　　　　　199
　　一　居仁里的"江西魏寓"　　201
　　二　一纸呈文与新闻头条　　205
　　三　生命落幕　　　　　　　209

赛金花年表　　　　　　　　　　213

她不是孽海花（自序）

在写这个故事之前，我曾去过一趟樱桃斜街。这是当年赛金花和魏斯炅婚后住过的地方。这条街和前门的大栅栏相通，虽然有一个美得勾魂摄魄的名字，走进去也不过是寻常的街巷。据说，张之洞曾为樱桃斜街写过一首诗："侬是花枝花是侬，惜花人恰与花逢。樱桃街上春光好，一日来看一日浓。"

惜花人恰与花逢，乱世之中的互相依偎，很容易成就一段倾城之恋。而在风云际会的大时代，因为与几个人的恰好相遇，被卷入了一个个历史事件，于是她成为传奇。她是个传奇，但她不是大家所想象的传奇。

所以我在故事里写道："赛金花从来都不是遗世独立的出

尘女子，没有谁比她更眷恋尘世生活。这么漫长的一段人生岁月，她一直在努力地活着以及更好地活着，她热烈地享受着这爱恨交加的人间烟火，她用尽了她全部的气力抵抗着死亡，抵抗着那个冰冷的世界。"

　　她不是名媛。名媛的第一要义是出身名门。从清朝末年到民国中期的那段时光，那么多美人，如同流星雨般闪耀、晶莹地纷纷洒洒，降落在世间，每一颗星都演绎了一段璀璨的故事。她们中的绝大多数都是家境优渥的，要么世代书香门第，要么有个富甲一方的父亲，要么虽然家道中落但骨子里流淌着贵族的蓝色血液。她们精通英文和法文，从小过着程乃珊曾描述的那种烤蛋糕、煮咖啡、在大房间里开party、唱机下垫着厚厚的海绵的生活。所以，她们的一颦一笑、一句言语、一种装扮、一段情缘，都成为后世争相膜拜并效仿的名媛范儿。

　　而赛金花呢，有着众所周知的卑微出身。只有英雄才不问出处，即便她有着不输于任何一个名媛的颠倒众生的芳华，人们也只会将之称为名妓本色。因为卑微，所以她的身世成谜。都说莫问芳名，但她有许多个名字。人们关于她的印象，大多来自那几本书和一个一个真假难辨的传说。这个来历不明的女人，身上却有那么多的传说。如果按照电视剧编剧技巧中几分钟就得有个卖点的说法，她浑身上下全是卖点，她的随便一段

她不是孽海花（自序）

经历都可以被谈论很久。

她也不是才女，没念过什么书，所谓琴棋书画的技能，不过是在花船上学的，而凭着一股聪明劲，她在陪同丈夫旅欧时学会了德语。世间的事总是那么对称，如果有一种女孩的学问来自如水照缁衣的闺门书香，那么一定还有一种是缘于摸爬滚打后的人情练达。也许正因为读书少的关系，她的漂亮是那种一剑如虹的丽质。

所以在每一章的开头，我都用一首诗作为引言。比如第一章引用的仓央嘉措的那首诗："那个女子，满身都是洗也洗不尽的春色。眸子闪处，花花草草。笑口开时，山山水水。但那块发光的松石，却折射着她一生的因缘。她坐在自己的深处避邪，起来后再把那些误解她的人白白错过。一挥手，六尘境界到处都是她撒出的花种。"我读的时候就觉得诗里面写的那个女子实在是太像她了，模样像，气质像，命运也像。她是不是才女倒没关系，只要大家能从许多美丽的诗篇里看到她的影子就够了。

她也不是孽海花。所谓孽海花，不过是菲勒斯中心主义的一个投射——孽海浮沉全因红颜祸水，因为有着某种身份原罪所以需要用一生的悲剧去偿还。有人讴歌她在重大历史事件中的华丽亮相，刘半农就曾将她与慈禧相提并论，胡适曾因此感叹道："一位北大教授，为妓女写传还是史无前例。"也有人津津乐道于一个花船姑娘是如何倾倒状元郎，又如何令八国联军统帅神魂颠倒的故事。我想写的不是真实的历史的考据与还原，也不是野史八卦的荟萃。我写这个故事的初衷，是剥离近一个世纪以来贴在她身上的那些标签，让她简单地以一个女人的面目出现。

在我的故事里，她是一个"美丽而忧伤的女人"。她有她的虚荣世故，多年不与心爱的女儿相见，就是顾忌自己的身份。她有她的精明投机，在八大胡同将生意做得风生水起。她有与其他女性一样的爱情遭遇和选择。我写了赛金花与六个男人的故事，其中三位是她的丈夫。

第一个是洪钧，他喜欢她，或许仅仅因为她是个漂亮的女人，而她多半是爱上了他的状元光芒，就像她闻到茉莉花的香气就被吸引，见到美人也忍不住多看几眼，对于美好绚丽的东西天生就想接近一样，"即使只是站在太阳的影子下面，也会感到温暖"。

第二个是孙作舟。他是她在富记花船上遇到的第一个客人，那个笑容温暖的会唱京剧的白衫男人。两人几经颠沛之后相遇。赛金花对他的感情，"就像《大明宫词》中的太平公主面对张易之一般，明知道他不是薛绍，但他与心中的薛绍长得一模一样，仍然可以对他倾注一些情感"。甚至因为他，她再次走进自己其实深恶痛绝的烟花之地。他始终不像是个丈夫，但几乎够得上伴侣两个字。人生若只如初见，说的应该就是这样。

她不是孽海花（自序）

第三个是瓦德西。她与他之间，大概是一叶浮萍归大海，人生何处不相逢，莫道相逢犹如梦。

第四个是户部尚书杨立山，一段生死之交的情谊。"这一生，总有那么一些人，与你相逢在黑夜的海上，本来各有各的方向，可他愿意在交会时赋予你一些光亮；总有那么一些人，当你受尽生活的创伤，心如小小的窗扉般紧掩时，用一阵清脆的马蹄声在青石的街道向晚，给你一场美丽的相识；总有那么一些人，当你站在桥上看风景时，他就在楼上看着你，不偏不倚地正好承接你的微笑，呼应你的友谊。"

第五个是曹瑞忠，相对着墨较少，客观来说无论是陪伴的时间还是感情的重量，他在赛金花的人生中只占很少的比重。但他给她的那份暖意，令她只想用一段长相厮守的岁月静好来回报他。

最后一个是魏斯炅。如果说每一个故事都得有一对官配，那么我属意的官配就是他和赛金花。他是在她年长色弛时出现的，他出现的这个时候反而是最好的，爱原本就是一个对的人与一段天时地利的相逢。赛金花的悲剧也应是但凡美人总免不了碰到的悲剧：岁月如花，既赐予了你不会凋零的芳华，就会同时给你无可救赎的寂寞。我将她与魏斯炅之间所有的爱和痛，都写在了这个故事里。

我的真相，在春天抵达：赛金花传

除了按照自己的理解，从现有的纷繁资料中捕风捉影地提炼一段段细节，再拼凑出一个自己眼中的赛金花之外，我也编撰了几个超脱于历史资料之外的角色，窃以为于文章的大局无伤大雅。比如秋喜和金云仙。我觉得，她的身边一定有个秋喜，也一定有个闺蜜，多年后在自己落难时会伸出援手。同时，对于史料中提到过的几个人物，因为面容模糊，所以我也敢妄加揣测，按照自己的意思去解读。比如陆家二太太，对于她我是抱歉的，因为不了解，便揣着一颗小人之心，把她当作是大家常见的那种姨太太形象。所幸在写作的全程中，我一直居住在北京。由于近便，赛金花当年生活过的八大胡同、居仁里等地，皆一一访过，也算是为这个一直存在于脑中的人物寻找到了一些现实的依傍。

大部分的关于赛金花的艺术作品中，最浓墨重彩的一笔往往都是庚子年间她的救国义举。历来人们对于赛金花这个人物的讨论分歧，最主要的也都集中在她是否救国这个真相上。既然她一生的真相已无法抵达，那么每个人都可以选择相信某一个观点。因为我愿意相信她是个传奇，所以无论是不是传说，这个戏核我还是保留在了故事里，只是将它处理成平常的一个篇章，与她人生中的其他事件，比如结婚、生女、东奔西走地生活一样，都是她的生命轨迹的一部分。

赛金花是那个时代的一曲绝唱。她与她的时代密不可分，

她不是孽海花（自序）

浑身沾染着历史的风烟。生于新旧之交的人，多少也有矛盾的地方。她常让人想到"旧"，我承认她性格中的某些虚荣和冷漠的成分，充满了旧时代气息。但同时她的现代女性意识，又无处不在。她最打动我的地方在于她对情的那份真，爱情是她每一次绝境逢生时的力量，虽然总是与悲剧不可分离。我就想写一写这样的一个女人，写她遭遇的那些慈悲和残忍、疼痛和欢喜，写她与时光的博弈、与岁月的和解，写她风光背后的悲凉，以及悲凉尽头的粲然的笑。

我也试图还原她的一部分"女儿性"。《红楼梦》里说，这"女儿"两个字，是"极尊贵，极清净的"。我只希望说明我所理解的女儿性，大概是在长长的一生里，始终柔软而善良，天真而炽热，明媚而勇敢，贪恋一切美的事物，追逐一切光亮和暖，始终用力地活着以及相信爱情。

顾城曾经如此谈论"永恒女性之光辉"："她无所不在，于我们是陌生而熟悉的。她像春天一样，不时到来，又必定离去，无可挽留。但她一定会到来。在她到来的时候，生命里都是美好的感觉……女儿性对于人世来说是一个个瞬间，一朵朵凋谢的玫瑰；女儿性对她自身来说，却是无始无终的春天，永远在大地上旅行。"赛金花也是如这般行走，走到最后，一身的浮尘厌土，但总算将人间功过化为春天里的流水和落花。

有一种美好的感情是曾经相爱却浑然不知，有一种美好的女子是无意成为一篇传奇，却将自己活成了一则妖娆的寓言。赛金花是千千万万美好女子中的一个。我知道，如果她不是身处那个时代，她很可能会拥有一个更温存一些、更顺遂几许的人生。但如果不是在那个时代，她不会这样美，这样芬芳，这样璀璨。我们和她一样，既生不逢时，又幸逢其世。

第一章 从花船姑娘到状元夫人

那个女子,满身都是洗也洗不尽的春色。

眸子闪处,花花草草。笑口开时,山山水水。

但那块发光的松石,却折射着她一生的因缘。

她坐在自己的深处避邪,起来后再把那些误解她的人白白错过。

一挥手,六尘境界到处都是她撒出的花种。

——仓央嘉措《那个女子》

第一章 从花船姑娘到状元夫人

一　活着是唯一的信仰

每个人都有过那种一碰即碎的镜花水月的梦。

在赛金花的一生中,她大约只有几次想到过父母。一次是在京城刑部的深牢大狱中,隔壁狱友的亲人送来的饭菜香味飘过来,她忽然想起了母亲。一次是和魏斯炅结婚前,他问到她的家里人,她于是就认认真真地回忆了一番她的童年。还有一次是在她年迈之时,一个人孤寂地蜷缩在床榻上,旁边大红梳妆台上蒙了一层灰埃的镜子,折射出她的一张苍老而愁苦的脸,那神情像极了她的父亲。

对一般人来说,名字的意义在于承载了上辈人的祝福,又或者仅是个代号。而名字于她,便是用以区分生命中各个卓然不同的阶段的标志。在浮浮沉沉的一生中,除了父母为她取的闺名灵飞和乳名彩云，她曾有过十几个名字，分别代表着十几种时光。

　　她的名字实在是太多了。多到她暮年时几乎都记不全，或者自己都能弄混淆。比如寄人篱下给苏州曹家做养女时的曹梦兰；夜泊秦淮弹唱《后庭花》时的傅彩云，身为宝马雕车香满路的状元夫人时的赵梦鸾，在天津组建"金花班"时的赛金花——当然这个名字最为大众所熟知，还有飒爽英姿女扮男装于皇家园林中游玩时的赛二爷……可以揣度，那年瑟瑟寒秋，蜷缩在病榻中的赛金花曾说，她希望自己从来都只有两个名字：一个是赵彩云，一个是赵灵飞。然而不管怎样，她最知名的一个名字依然是赛金花，至少从她的隐秘的内心深处，对于这个名字也曾产生过不少的眷恋和骄傲。所以，我们就称她赛金花吧。

　　她出生在徽州黟县的一户曹姓人家。黟县是黄山脚下一个安静的古村落，相传陶渊明在此写下《桃花源记》，现代人所熟知的旅游景点西递村和宏村也正是在这里。她的祖祖辈辈都住在这个村落，老人们都说这个地方风景好但是阴气太重，村里处处弥漫着霜露凝重的阴湿。那一排排古村落老屋，藏在层层叠叠的光影中，仿佛藏着一个个幽深的秘密。很多年以后，这个地方建起了一座赛金花故居，在里面造了不少景致，有的叫"双桥截春""静寄弄鱼"有的叫"远风耸逸""环碧秀色"，

第一章　从花船姑娘到状元夫人

给游客留下了不少想象空间。

早期在当地曾经流传着这样一句民谣："前世不修，生在徽州。十二三岁，往外一丢。"徽州人倒没有那么强的坚守故土情结，很多人少小离家，从此义无反顾地与故乡渐行渐远。

那生于斯而不长于斯的故乡，便随着少小离家的风烟而渐渐模糊了。

她出生那天是十月初九，南方一般从这个时候天刚开始冷。黟县民谣里有一首《十二月花名歌》，说到十月是这样的："芦花似雪飞，初冬时节百花稀；山头枫叶呈奇采，赛过三春锦绣围。"黟县的乡亲们应该不会想到，几十年后，有一个同乡姑娘的名字比这首民谣要出名得多。

在她出生后的一两年，太平天国运动已进入尾声，仍有一支战火燃烧到徽州。她家是大学士曹振镛的后代，一听到风声，全家老少便急匆匆从徽杭古道逃往苏州。这条古道算是她生命的起点。而战争令她感到厌恶，大概就是从这段兵荒马乱的岁月开始。

到了苏州，在一个远房婶娘的帮助下，全家躲进周家巷安顿下来，并在巷尾开了一爿小小的当铺。赛金花成年后自称出生在苏州，倒不是为了刻意隐瞒这段逃难的日子。一来在徽州之前度过的短暂婴儿时光，她自然很难记得；二来她真正开始有作

我的真相，在春天抵达：赛金花传

为一个女孩的意识，也是从来到了苏州城开始。

邻家住着一个孀居的女人，近四十的岁数了，依然一身碎花袖口的衣裳，梳着齐齐整整的发髻，穿着一双绿色底上绣着一朵大红莲花的花丝鞋，顶着微雨，细碎的步子走在青条石板上，那行走时香风细细、娉娉婷婷的俏丽模样，深深地烙印在童年的赛金花的脑中。她经常会偷偷地站在她家的窗下，听她用一种醉里吴音相媚好的声调念一首诗："幽兰露，如啼眼……草如茵，松如盖。风为裳，水为珮。油壁车，夕相待。冷翠烛，劳光彩。西陵下，风吹雨。"女人有时候发现了窗外站着的小女孩，会对她说，小姑娘是听不懂的。赛金花便有几分羞赧地跑开，过几天又会如同着迷般站在她的窗户底下听她念诗。

每一个字她都不懂，但她深深地记住了她念的每一个字，也对那声音背后的寂寞似懂非懂。若是被祖母看见，一定会训斥她，让她少与那个每天涂脂抹粉的女人接触。她知道祖母不懂得这个美丽的女子，至少还不如她懂得。

虽然搬到了苏州，家里依然习惯做徽菜，有一道安徽的传统小吃叫作状元饭，据说得名于明朝的状元刘若宰。状元饭是用红米苋煮出苋菜汤，再加上熟猪油拌的糯米饭，一般人觉得油腻，她却非常爱吃。祖母经常边叹气边打趣道，可惜不是男儿身，要不然吃了状元饭便能当状元咯。

第一章　从花船姑娘到状元夫人

她从小就善于选择性地遗忘。比如她的脑中偶尔浮现状元饭红彤彤的样子，却想不起母亲做的那碗饭的味道；她的记忆里时常有那个从巷子里经过的邻居家美丽的女人，却很少会出现父母的形象。那是一对愁眉苦脸的中年夫妇，每天不是在担心追兵，就是在愁于生计。母亲是个典型的徽州女人，常年穿一身宽大的青衣黑裤，能干而寡言少语，只有在窗边飞针走线时才能看出她的满腹心事。

而父亲在她的成长过程中是缺失的，他经常不在家，当铺的生意也都是祖母和母亲在张罗。起初据说在躲兵乱，后来太平天国运动失败，他每天和一些旧时的朋友聚在一起不知商谈什么；再后来那些朋友一个个都不再上门了，他每天仍旧出门，晚上喝得酩酊大醉地回家。父亲几乎没有单独对她说过什么话，只有一句训诫，也是她日后拼命想要忘记的：对你没有什么要求，只要你长大后能正正经经嫁人，不沦落风尘就够了。

家里那种暮气沉沉的气息侵蚀着她的潜意识，她的一生之所以那么如饥似渴地追寻着生机和欢娱，源头正在于此。

赛金花到了十岁上下，出落得娟秀动人，身量虽还是幼女的样子，五官却不稚嫩，鹅蛋脸，纤巧的鼻子，充满女性的柔情。巷子里情窦初开的小男孩总喜欢有事没事转到她家的当铺前和她说说话，就连那些成年男子，经过她身旁时也会多看几眼。邻居们都称赞她的美丽,只有母亲常常叹息,一个女人倘若生得貌美如花,可能会因此付出代价。

所以家里人都刻意不打扮她。她几乎没有一件鲜艳的衣裳,身上穿的都是祖母和母亲的旧衣服改做的衣裳,不是黑就是灰,穿在她身上却有一种难得的素净。"披褐怀玉"这个词也可以有另外一个注解:身穿粗布衣裤,也掩饰不住面容的如花似玉。她渴望拥有一件漂亮衣服,哪怕只是借来穿几天都好,她想穿着这件衣服在巷子里翩翩行走。但她懂事,这份惦记从未向家人提过。

到苏州后的第三年,赛金花的父母就生病了。本就一般的家境更加一落千丈,日子过得很清苦。在她十岁到十三岁之间的三年内,亲人一个个地离开了——祖母去世时,她没有哭;姐姐去世的那一天,她没有哭;父母去世的时候,她还是没有掉眼泪。童年的经历是潜伏在她心里的一个深渊,即便扔一块巨大的石头下去,也发不出任何的回响。

父母双双病故的那一年深秋,她刚刚虚岁满十三。那个当初帮她们安顿在周家巷的远方婶娘又出现了,一阵抹泪顿足之后,收回了那处房子。她怔怔地站在海棠花纹的窗棂前,感觉一个属于她的少女的王朝就这样消失了。在那个少女的王朝里,虽然过得不富足也不幸福,但终究是在家人的荫庇下,像其他

第一章　从花船姑娘到状元夫人

闺阁少女一样生长着。

婶娘带着哭腔搂紧了她，絮絮叨叨说了一长篇话，比如她家男人不争气，几个孩子都吃不饱，比如她也很怜惜她，但是家庭贫寒爱莫能助，但赛金花只听进去了一句话："孩子啊，你该怎么活下去？"

这本是一句敷衍的措辞，却忽然点醒了她。赛金花永远是个世俗的女子，是因为就从那天起，她无家可归，亦无篱可寄，她没办法像《红楼梦》里的林黛玉一般，父母双亡后，还能投靠大户亲戚，尚有伤春悲秋的闲暇。

婶娘在哭够之后，给她留下一点吃的，准备转身离去时，她忽然拉住婶娘的衣袖，跪下来，恭恭敬敬地磕了一个头，说：请您帮帮我，我想活着。

她那伶仃的弱小身躯，拼尽了十三年来的所有心力，想到的只是一个最原始的本能：我该怎样活下去？按照现代女性的价值观来看，她正在通往一条自我堕落与自我毁灭的路途中，只有人格的自由和个性的独立才能拯救她。而对于身处那个年代、那样情境之下的赛金花而言，活着便是唯一的信仰。当全世界都要放弃她的时候，她还想要执拗地追赶并贴近这个世界，去见一见那些未知和新奇，去继续感知那些温度和光亮。这是一个十余岁的小女孩朴素的生存哲学。

婶娘停下来，迟疑地问：无论以后发生什么事，都可以吗？

她说：是。

婶娘略一迟疑，尔后露出笑容，点点头，很快又背转过身，轻轻叹了口气。

后来，这个婶娘，将她带到一条叫作"富记"的花船上。

第一章 从花船姑娘到状元夫人

二 富记花船上的十年

人的命运，总是充满了将错就错的无可奈何。正如一声嘚嘚的马蹄，错过了归人的脚步；如一颗爱丘山的心，误入了尘网；也如一朵开错季节的花，在无人观赏的世界里兀自绽放，迅速凋零。父亲对于她的唯一期许是"只要不沦落风尘就够了"，赛金花偏偏还是落进了风尘之中。

婶娘带她去的那条船，是一条宽敞的、四面张结着华灯的彩绘船。船里浮动着一股茉莉的香气，花梨木椅子上的每个雕花都各式各样。赛金花闻到那股香味就觉得心稍稍安定下来。她毕竟是个小姑娘，当看到那老船夫驾着双橹双桨的船，时不时卖弄下船技，在水中打个漂亮的旋儿时，还忍不住笑了。

上桥下桥、船来船往是水乡古镇的日常生活，而花船在江

我的真相，在春天抵达：赛金花传

南这样的烟花锦绣之地颇为常见，曾与赛金花生活在同一时空的苏州籍小说家包天笑在后来的《钏影楼回忆录》中提到："这些船上，明灯绣幕，在一班文人笔下，则称之为画舫，里面的陈设，也是极考究的。当时苏州的妓女，可称为水陆两栖动物。她们都住在阊门大街的下塘仓桥浜，为数不多，一共不过八九家。在门前也看不出是妓院，既没有一块牌子，也没有一点暗示。里面的房子，至少也有十多间，虽不是公馆排场，和中等人家的住宅也差不多。不过她们的房子，大概都是沿河，而且后面有一个水阁的。她们自己都有船，平时那些小姐们是住在岸上的，如果今天有生意，要开船出去游玩时，便到船上来，侍奉客人。"

如果赛金花能读到这段文字，或许内心会微微地吃一惊，仿佛有双眼睛曾经盯牢了自己的一段生活，将它复述得惟妙惟肖。

她走上船，富记妈妈仔细打量了她：个子比同龄的姑娘小，神情却比同龄人成熟稳重，皮肤白皙，眉眼像水墨画般浓是浓、淡是淡，韵味十足，气质也是落落大方的。妈妈不禁满意地点了点头，问她叫什么，她犹疑了一会儿，然后低着头回答说，姓赵名彩云。她心想，从这一刻起就忘记她生活了十来年的曹家吧。

第一章　从花船姑娘到状元夫人

富记妈妈笑着说：放心，到我们这儿的姑娘，大都会另外再取个姓名，不要担心辱没了家族门楣。不过彩云就是财运嘛，这个名字好听，也可以保留了。既然你现在与富记结缘，这样吧，给你改个姓，就叫傅彩云罢。对她来说，姓赵和姓傅都一样，她点点头，于是她就是傅彩云了。

从船上走下来的一个姑娘拿过来几身衣裳，赛金花看了几眼，有鹅黄色绣着祥云的绸袄、大红色的宽边绸衫，还有绣桃花的藕荷色长裙，那些鲜艳的色彩就像阳光温热的春天，令她瞧了就觉得喜欢。姑娘告诉她，自己叫金云仙。刚才妈妈说了，她的年纪小，在这儿只需多用些功，学做个清倌人便可。

赛金花也不多问，在这里待了几天，她隐约能明白花船和清船的区别，以及红倌人和清倌人的不同。虽然清倌人即"只卖艺，不卖身"，但那些弹唱的技艺不过是覆盖在欲望之上的一层似有若无的薄纱，一入欢场，就和入江湖一般，举目望去全是身不由己。不过，清倌人终究要听起来雅致一些，她们的身体没有那么容易被猎取，她们的喜怒哀乐除了体现在皮肉的调笑与嗔怒之间，还能如那些蕴藏在诗词歌赋里的女子般，遣情于红酥手与黄滕酒交错的丝竹人生中。

丝竹声声，艳歌妙舞。这条荡漾着情欲的花船，能让一个女孩迅速踏入另一方境地。性是分水岭，有的女孩一旦有了情欲，立马便不是水做的骨肉了，变得黏稠而风情满溢。

既然做的是清倌人，那得从吹拉弹唱与琴棋书画学起。富记妈妈为新进来的几个姑娘请来苏州城有名气的师傅，手把手地调教。她很快便熟悉了，但表面上不动声色，效仿其他中等资质的姑娘，每一样都慢慢来。她知道，一旦学成，日子便不会这么悠游了。

花船上的姑娘们按道理是最难相处的，可她仿佛有着与生俱来的处世天赋，不轻易发火，也不轻易得意，有空的时候也会主动帮忙去买盒香粉或者槟榔、枣泥之类的小吃食。但她也从不是谦卑的，她只把她们看作在同一平台共事的人，既然机缘巧合聚集在了一条船上，那就和平共度吧。平时她只与金云仙多说几句话，对其他人都保持着这种不逊不怨的距离。她在花船上生活的每一天每一年，都是如此。

那时候在花船上流行一句暗语"叫条子"：客人点到哪个姑娘的名字，就会有人搬一张椅子过来，让姑娘坐在他身边，然后给姑娘倒上一杯茶。她第一回被"叫条子"，遇到的是个二十多岁、举止文雅、穿白衫的男人，姓孙，是个唱京剧的角儿。他没让她唱曲，而是问她喜欢吃什么点心，今年几岁了，家乡在哪里。他的白衫一尘不染，他的声音温柔好听。她一一作答，他便为她叫上两碟玫瑰瓜子，眼中和脸上浮动着满满的笑，和颜悦色

第一章　从花船姑娘到状元夫人

地望向她,请她吃瓜子。赛金花起身为他倒茶,他轻轻按住她的手,帮她斟满茶。他们就这样坐着,客客气气地聊了一会儿天,然后他道别,留下了好几块钱,令富记妈妈喜不自禁。后来这个男人再也没有来过,再后来听说他得了一场病,死了,她也就以为他是死了。

第一次在花船上与一个陌生的成年男子单独相处,这个人消解了她对未知的男性世界的恐慌。即便以后她遇到的各色男人,有的粗笨如同熊罴,有的饥饿如同豺狼,还有的凶暴如同狮豹,但她始终相信,在这些冰冷的兽性之外,男人总会有温暖和蔼的一面,这一面便是她与他们之间互敬互重的交往基础。

在相当长的一段时间里,每当她想起这个儒雅的男人,内心总是充满了感激。生命中有的人本应像两片飘动的浮云,偶尔投影在对方的波心,交汇了,相逢了,温暖过彼此,然后此生无须再见。但翻云覆雨的命运,常常不愿意按照正常的逻辑写剧本,谁知道这个人还会出现在她日后的生活里,那时她想到他,又是另一番截然不同的心境了。

不出所有人意料,赛金花成了富记花船的头牌,许多男人都以能见到她一面为荣。人们常说最能催人老的是人间疾苦,而她在这条花船上吃穿无虞,长年累月与轻舞笙歌为伴,虽无大乐之事,也没什么不快乐的,这一待就是十年。

三　遇见未来的第一个丈夫

　　每年暑气渐至的六七月，来花船的客人最多，尤其是一些官宦之人，这个时候手头的公务渐少，便会呼朋引伴地避暑寻欢。

　　后来林语堂曾对此发表过一番议论："做了官吏的人，侍妓宥酒之宴饮，无法避免，也无虑乎诽谤羞辱。中国娼妓之风流的，文学的，音乐的，和政治关系的重要性，无需乎过事渲染。因为由男子想来，上等家庭的妇女而玩弄丝竹，为非正当，盖恐有伤她们的德行。亦不宜文学程度太高，太高的文学情绪同样会破坏道德。至于绘图吟诗，虽亦很少鼓励，然他们却不绝寻找女性的文艺伴侣。娼妓因乘机培养了诗画的技能，因为她们不须用无才来作德行的堡垒，遂益使文人趋集秦淮河畔。每当夏夜风清，

第一章 从花船姑娘到状元夫人

黑的天幕把这污浊的秦淮河转化成威尼斯运河,他们静坐于画舫中听着那些来来去去的灯船上的姑娘唱着热情小调儿。"(林语堂《妓女与姬妾》)

如他所言,江南温柔水乡里的那些姑娘,既能迎合达官贵人们的雅趣,又能如夏日的天气般热情妖冶,倒是颇能解闷。

这一天早晨,送走了两个醉醺醺的客人,金云仙有些疲惫地走出来,迎面见到正吃着枣泥糕的赛金花,便告诉她:洪状元的母亲去世了,他最近回家乡守孝,现在手头的事都忙完了,想找几个姑娘陪他打牌,过几天就会光临。赛金花以前也听人说起状元洪钧,高居礼部侍郎,显赫一时,他有个小妾还是苏州大书法家陆润庠的女儿。

赛金花揶揄道:想不到洪状元都年近花甲的人了,还这么爱玩耍。金云仙大笑起来:他还不到五十呢!赛金花也笑了。她自然无法预测,一个月之后,这个在她的想象中要老很多的洪状元竟与她有了亲密的联系。一年之后她还会随他出访欧洲。百年之后,人们提到她的名字,都会顺便解释一下:她就是状元洪钧的姨太太、小老婆、第三任年轻貌美的小妻子。

洪钧造访的那一天,赛金花身上不舒服,早早回岸边住处歇着了。到了傍晚,她记起有事情要和富记妈妈讲,便出门了。等她来到船边,正好看见洪钧和随行的人走出来准备离开。她匆

我的真相，在春天抵达：赛金花传

匆看了他一眼，是个身穿墨绿色长袍、脸色清峻、身材瘦削、胡须有点长的中年男子，不苟言笑，全无风流倜傥的气质。但也的确没有想象中的老迈，举手投足间还有几分沉着从容的魅力，尤其当时一束夕阳的余晖照在他的身上，使他更增添了不少供人仰望的高贵与庄严。正在此时，他一边往前走一边也望向了她，目光里全是留恋与好奇。

和他擦肩而过后，她走进船内，金云仙就兴冲冲地向她描述见到洪钧的场景：他坐了一个多时辰，叫了两个姑娘的"条子"，一个陪他饮茶，一个弹唱昆曲，还预约了另外两个姑娘过几天去他府上打牌。他出手很大方，给了船上的姑娘和伙计每个人几块钱。赛金花问：他是如何说话的？金云仙说，他说过的话不大记得了，反正不像一般的读书人那样文绉绉，一张脸看上去不爱笑，不过人倒挺随和。

过了两天，洪钧托人来花船上单独请赛金花去他的府上。依照清倌的规矩，一般只在花船上陪酒，不会上门。而且洪钧正在为母服孝中，召请一个花船姑娘上门，怎样也是不妥的。赛金花却也不推辞，打扮了一番就去。洪钧的家在城北的张家巷，一妻一妾都跟随他从京城回到苏州。有几个好朋友几乎每天都要来他家打牌，陪他消遣时光。

那几个人，赛金花是认得的，都是苏州城内赫赫有名的贵

第一章　从花船姑娘到状元夫人

族子弟，而他们在花船上见到她时的那副态度，忽然全变了，对她客客气气的，眼神和举止中将她恭维成了一个贵妇。她弹唱了昆曲《孽海记》中的一段《下山》，众人无不称好，她在眼波流转间能觉察到洪钧的目不转睛。

他们在一起打牌，赛金花站在洪钧身旁，静静地看着他，这个留着长胡须、脸上很难寻觅到笑意的男人虽然不再年轻，全身却散发着一种夺目的光芒，将周围的人和事都映衬得谦卑黯淡。

一场牌局结束，洪钧设宴招待赛金花，他的妻妾也不露面。洪钧得知她是徽州同乡，大为惊喜，连请了她三杯酒。赛金花便顺势和他说起，小时候很喜欢吃徽州的一道传统小吃状元饭，祖母为此很懊悔她为什么不是男儿身，不然以后也可以中状元。这句话显得有些肆无忌惮了，她却吃准了他定不会介意。果然他脸上浮起几丝快活的神色，兀自望着她说：没关系，吃了状元饭做不成状元，嫁个状元郎也不错。赛金花自然听得出他话锋里的调情和打趣，她没有接话，不动声色地继续布菜递酒。洪钧说他幼年时也很喜欢吃状元饭，只可惜离开家乡后，再也吃不到了。

酒过三巡，她起身告辞，她告诉洪钧，她每次陪一个客人的时间不超过三个时辰。

临别的时候，洪钧掏出一块碧绿澄澈的喜鹊登梅镂空玉佩，放在她的手心里，然后按了按。从洪钧所在的晚清到21世纪的现在，当男人送女人一件比较贵重的礼物时，一方面意味着对这个女人的珍视，另一方面那姿态总是充满优越感的，所传达出来的意思，无非是——我是看重你的，并且我认为你值得这个礼物。这个过程在心理学上被称为"阳性强化"。同样，从女人的角度，这也是一份对于自身魅力认可的象征。情感虽不可物化，但有时候也得借助物质来承载和表达。

　　洪钧这一系列的动作赛金花是熟悉的，一些客人离开时，半是意犹未尽半是表示喜欢，就会在她手里放上一两件亮莹莹的首饰，再趁机碰碰手，将身体的接触恋恋不舍地延续一下。显然洪钧的动作也是熟练的，风尘中的那些事儿也和作仕途文章差不多，那一招半式，通通有迹可循。赛金花心里明白他是喜欢她的，但她拿不准他有多喜欢她，这个取决于她在他眼中有多特别。既然他与别的男人不一样，她也要他待她和待别人不一样。

　　她回去后细细看了看那块玉佩，成色自然是上乘，但也看不出有多稀世珍贵。她又回味了他们在一起的场景，他待她是温柔的，却也感觉不到来自于他的爱恋的狂热。当下便有些怅惘。

　　又隔了两天，洪钧又遣人来接赛金花入府。她想得很明

第一章　从花船姑娘到状元夫人

白，如果这次又欣然前往，也许他们顶多只会再见几次面而已。洪钧虽是光芒万丈的状元郎，骨子里和那个年代的文人没多少差别。

他们写诗作赋，纵论人生与政治，最大程度地释放自己的才情与见识，正如追求一个个妩媚的女子，在她们柔顺又崇拜的目光中，最大程度地释放自己的贪婪和欲望。他们习惯于不断地在青楼与青楼、姑娘与姑娘之间寻找爱情，似乎每得到一段感情，自己一度埋在科举仕途的故纸堆中的身心即可多获得一次新生。

赛金花推托身子不舒服，不去了。第二天洪钧亲自来花船上探病，她早已嘱咐过金云仙，说她在岸上的家里休息，这几天不便见人。连吃了两回闭门羹，洪先生也不生气，向金云仙打听她的地址。这个情势，赛金花也料想到了，她不愿意在岸上的住处同他会面，一是因为住处环境太简陋，无时无刻不在提示着她的卑微和凄凉。而且那毕竟是一个私密的空间，不像在花船上，她能够随心所欲、理所当然地妖娆。她事先教金云仙对他说，三天后等她身子痊愈了，会亲自上门致谢的。

多年的官场生涯早已将洪钧磨砺得富有耐心。三天过后，洪钧打道回府，忽然看见她在自己家门外，穿一件素白的衣裳，拎一个枣红色的竹篮，长袖飘飘，美人如玉地站在那里。他喜不自禁地走上前，握住她的手，将她迎进屋内，说没有一天不在想她。她放下竹篮，掀开上面覆盖着的棉布，像个小女孩一样快乐地招呼他来看——她为他做了一碗红彤彤、香喷喷的状元饭。他怔怔地笑了，问她这个季节在哪里找到的红苋，她望着他的眼睛说：有心自会找到。他听后开心不已，以至于都有些意乱神迷。

对于那些传统的读书人来说，衡量女性美的标准只有两个字：正宜。在洪钧看来，她的一切便全部都是"正宜"，不偏不倚，刚刚合适，相貌正宜，身段正宜，纯真又妩媚的姿态正宜，对于他的心的捕获的技巧也是正宜。

洪钧询问她的年龄，她只是莞尔问他，洪大人认为我多大呢？他猜十五岁，赛金花于是说：你说十五岁，我便是十五岁。从此以后，许多史书上都把她和洪钧相逢时的年岁记载为十五岁。

历来关于赛金花出生年月的考据也各执一词，在这里的叙述,也就暂且使用我所相信的关于她的年龄的其中一种说法吧。其实，我们谁也不知道她的真实年龄，就像我们对于时间和命运的一无所知。

三个时辰后，赛金花正准备告辞，话还没说出口，洪钧伸手拉住她，请求她再停留片刻。她温柔又坚定地拒绝了他，对他

第一章　从花船姑娘到状元夫人

说下次再见。洪钧轻轻叹了口气,他知道自己已被这个小小的女子征服了,因为他发现自己没有耐心去等待下一次不知道何时的相会了,就想每天将她留在自己的身边。

送到门边,他让她等等,然后回房间取了一块罗帕,里面是一串大颗粒的珊瑚珠。他递给她,告诉她这是皇上赏赐的礼物,是他最珍贵的东西,现在他要将它转送给她。赛金花连忙推脱不敢接受,他笑了:有什么不敢的,你可是我洪文卿要娶的人——这就算是求婚了。话音刚落,两人情不自禁地对视了一眼,洪钧的心里有七分的冲动和三分的懊悔,而她却仿佛看到了一个花团锦簇的明媚春天。

四　从彩云到梦鸾

　　赛金花和洪钧费心思地玩爱情的游戏，只觉得他的光芒吸引着她想要不断地接近，但她从未设想过结婚这件事。她有她的野心和绸缪，她知道自己终有一天一定会从这烟花之地离开，可是，成为状元的明媒正娶的妻子，是像她及金云仙这样的女子不能奢望的。甚至，只是成为一个普通男人的妻子，她也未敢奢望。

　　在此之前，洪钧虽然十分喜爱她，却没有想过娶赛金花为妾，除去体面这回事，他也不认为娶她有多必要，毕竟他是年近半百的人了，家中有妻有妾有子有孙，繁衍子嗣的任务他算是早就完成了。既然无须再承担生育传承的任务，那么婚娶之事也就不在他的考虑范围之中。

第一章 从花船姑娘到状元夫人

可是等他的那句话说出口后,就如同被置于弦上的箭,不得不继续执行下去了。大丈夫一言既出驷马难追,是他从小就懂得的道理。而且按照他现在的身份和财力,再娶一个姑娘,也不会给他带来多少实际的困扰。何况一旦做了决定之后,眼中心中就全是愉快的前景,一想到要和这个年轻迷人的女人朝夕相处,就感到浑身上下的每个毛孔里都透着满意和舒心。

唯一不那么令人顺心的,是赛金花的花船姑娘身份,这免不了令周围的人议论纷纷。洪钧不止一次对那些风言风语的人说,苏东坡都能娶朝云,我为什么不能娶彩云?

民国时的一个才女苏青曾在文章里说,女人天性是虚荣的,她们骨子里的阶级观制约着她们的审美,正如她们不会觉得一身奴才装扮的男人有多少魅力。男人们至少是真实的,他们喜欢年轻美貌的女人,因为年轻美貌直接能引起性的刺激,因而发生爱,那就是真实。

或许在赛金花与洪钧的这段爱情中也是这样,赛金花爱上了他的状元光芒,而洪钧喜欢她,仅仅因为她是一个漂亮的女人。

婚礼很气派,她乘坐的是绿呢帷帐的大轿,前面打着红状元纱灯。那时候,只有三品以上的官员才有资格乘坐这样的轿子。凤冠霞帔的她坐在轿内,一步一步地走向一段看起来曾是那样遥不可及，但又令她忐忑不安的未知旅途。这段旅途中，有着她所熟悉又陌生的一段男女关系，有一个更洁净却又更复杂的生活环境，她有了一个全新的身份：状元夫人。

新婚之夜，他说：彩云这个名字太俗气。赛金花心里面清楚，彩云这个名字倒不是俗气，只是曾浮沉于风尘里，不知被多少个男人亲昵地呼唤过。他思索了一会儿：以后就叫你梦鸾吧，鸾即玄鸟，春神之使者，希望以后你为我们洪家带来世代的祥瑞。她点点头，名字嘛，本来也是给别人叫的，她叫什么也无所谓。世事总是无常，谁也没料到这个新名字只伴随了她短短五年。

后人在评论她嫁给洪钧的这段经历时，众说纷纭，有人从厚黑学的角度，说一个在花船里摸爬滚打过的低贱女子，唯独不缺心计。从年少时常吃的那碗状元饭开始，就一步一步地接近状元；有人站在两性的立场，说她狐媚偏能惑主，是"妻不如妾，妾不如妓"的典型例证，在看惯了大家闺秀的淑娴之美后，见到妖媚惑人的赛金花，洪钧自然就奋不顾身了；还有人持唯心论，认为洪钧在前生一定辜负过某个女子，这个女子在这辈子化身为好运气的赛金花，所以他不得不娶她。

晚年时期的赛金花，每每听到这样的言论，总是凄然一笑，也就笑笑了。因为他们说的虽然荒唐，但也不是全错。更何况即

第一章 从花船姑娘到状元夫人

使她一条也不占,单纯只是因为男女的爱情相吸,也不会有人相信。

有女人的地方必定有战场,尤其是几个女人共存在一个屋檐下,又共享着同一个男人。洪家大太太还好,她比洪钧还要年长几岁,为他生了一个儿子,此后一心向佛,性情淡泊。她对于娶妾一事不置可否。赛金花进门后,对她也算客气。

另一位小妾——陆家千金却是恨透了她。担心被分宠是一回事,她更在意的是一个出身低贱的花船女,居然和自己的位分没有伯仲之别。她家是苏州无人不晓的名门望族,当年她年已十八,因貌美而出名,父亲正寻思为她寻一户相称的人家,正赶上而立之年的洪钧状元及第、春风得意时,便将她许配给状元。

陆小姐嫁给洪钧二十年,他并无再娶,她也获得了丈夫不少的宠爱。虽然没有生一个孩子,过得倒也宁静满足,直到这个被丈夫从花船上捡回来的卑微歌女的到来。女人的嫉妒心往往在一种情况下发作得最厉害:对方身上有明显不如自己的硬伤,可她偏偏又和自己生活在同一个时空下的同一条跑道,而且她还比自己美,更不能容忍的是,她还拥有年轻这样一件残酷的武器。自然而然,她就成为她在这个家中的第一号敌人。

赛金花本不是那种小性子的女人,再加上多年的花船生涯早已将她练就得宠辱不惊,这陆千金虽然待她不逊,比起花船上见识过的那些男男女女,到底也不会太过分。无论如何,这个家的上上下下都把她称为"新太太"了,洪钧娶了他,洪家的列祖列宗认可了她,她就是这个显赫家族里的一员了,这是谁也抹杀不掉的。

新婚的那几天,洪钧以一种献宝般的心情,邀约朋友来家中作客,顺便让她出来会客。他的朋友都是一些精通琴棋书画的文人雅士,耳濡目染中她也学到了不少东西。

他还教她念诗,他教的第一首是《诗经·国风·郑风》里的《女曰鸡鸣》:"女曰鸡鸣,士曰昧旦。子兴视夜,明星有烂。将翱将翔,弋凫与雁。弋言加之,与子宜之。宜言饮酒,与子偕老。琴瑟在御,莫不静好。知子之来之,杂佩以赠之。知子之顺之,杂佩以问之。知子之好之,杂佩以报之。"虽然不大识字,但她聪明,听他念就知道大概的意思,她故意装作不懂地问他:知子之好之,杂佩以报之是什么意思?他说:我知道你喜欢,于是就把我的珠玉宝贝送给你啊!然后他顺手取下自己随身佩戴的玉佩送给了她。

一天,画家任立凡为她画了一幅《采梅图》写生像,洪钧赞不绝口,欣然提款:"丁亥竹醉日,文卿题。"过了几天,赛金花偷偷尝试着画了一幅工笔画,洪钧看见了,喜出望外,为这

第一章 从花船姑娘到状元夫人

幅画题名为《惠兰图》,他还捧着这幅画给任立凡看,这位大画家也连声夸赞她的天赋,并提出要亲自教她绘画,洪钧却不大热心,此事也就不了了之。后来,她也不常画了。

他虽然十分乐意朋友们当着他的面赞赏他的这位冰雪般美丽聪明的小夫人,但内心可不希望将她培养成一名才女。

她也无意成为一名才女。

五　作别苏州

　　洪钧的三年服孝期将满,朝廷急召他返回京城复职。大太太和二太太虽然都是苏州人氏,但随着洪钧常年生活在京城里,听说了消息后,都有几分归心似箭。赛金花却不免留恋苏州,临走前的一天,她穿一件桃花色锦缎绸衣,戴着洪钧送给她的晶莹透亮的珍珠耳环,携一个车夫和两个贴身丫头,去了这座城里的唯一两个与她有关的地方,一个是周家巷,一个是富记花船。
　　周家巷老街的青石板路还在,邻居的那位美丽的孀居的女人,仍然一个人,穿得整整齐齐的,姿态优美地坐在门前纳着大红色的鞋底,她的两鬓已经花白,神情却依然清丽。赛金花对她笑笑,她也礼貌地笑了一下,继续低下头做自己的事。她已认不

第一章　从花船姑娘到状元夫人

出眼前这位鲜艳的贵妇，更无从知晓在她心里，自己是她人生中认识的第一个美丽的成年女子，以及美的象征。

巷尾那间当铺也还在，灰扑扑的海棠花窗棂写满了物是人非的气息。赛金花随意地往里望望，看见婶娘一家人正在里面围桌吃饭。她手中本带了一些钱和礼物，想了想，也没有和他们打招呼，就转身离去了。对于这个在自己懵懂未知，只想活下去的时候，把自己卖到了富记花船上，使得她的人生注定和其他女孩不同的婶娘，她实在不知道应该感激，还是恨，那就相忘于江湖吧。

在周家巷沾惹的一身萧索的情绪，很快被富记的热闹一扫而空。大家像众星捧月般簇拥着她，赞美着她，奉承着她。富记妈妈见到她激动得眼泪都快掉下来，洪钧娶了赛金花，给了她一笔钱，是她开船以来做过的最大一桩买卖。赛金花也是她这条花船里走出去的最尊贵荣耀的一个姑娘。比起其他的花船老板，她的身价也高出来不少。就连金云仙等姑娘们也与有荣焉，她们中的不少人都难免养成了投机侥幸的心理，也希望能遇见一个像洪钧一样的人，成为高高在上的夫人，对于她们来说，这不知是幸与不幸。

回到洪府，众人正在忙里忙外地收拾，她脸上刻意收敛的粉扑扑的神采，还是被迎面走过来的二太太捕捉到了。她冷笑地说了一句：一个花船里走出来的女人，竟然也衣锦还乡了。

刻薄是女人的专长，有种女人的刻薄是那种刀刀毙命的。赛金花这一天里建立的优越感瞬间土崩瓦解了。英雄可以不问出身，可是一个女人是没有办法不被时时候她的出身的。即便是在一百多年后的今天，"过去"也是女人的一道枷锁。在她的心底，本来是没有多少争强斗气的念头的，但于这样的竞争环境中，她没法不让自己更上进一点、争气一点。

第二天，站在苏州码头，赛金花没有想到，这一次离开之后，虽然有过一两次迫不得已的匆匆停留，她的一生中竟再也不曾在苏州真正生活过了。这座城从此随着她那么多日日夜夜的青春和辛酸、无奈和挣扎、痛楚和忍耐，一起与她的生命作别，成为她再也回不去的原乡。

如果生命可以重来，那么她多么愿意出生在苏州，一辈子不离不弃地在这里安静地成长，慢悠悠地生活，不必颠沛流离，也无须困于风尘，只是守候一段只属于自己的、明净如秋水长天的爱情，一起在春天顺着春水一波三摇地划一叶小舟，一起在夏天的园林里品茗对弈，听一段《游园惊梦》，一起在秋天爽借清风明借月，一起在冬天动观流水静观山。让那些惊天动地的传奇都由别人去书写吧，她过她的循规蹈矩的安稳日子。

第二章 欧洲风光

夜色渐渐深了

天使渐渐收起了 翅膀

孩子，别哭

我来唱歌你来睡

从前有一位女子

你也可以称她皇后

穿着红裙子

红裙子在小夜曲里妩媚

不知倦也不知道天黑

人人都夸赞她的声音

仿佛颤着微露的玫瑰

只有黄莺轻轻地陪唱

只有夜色静静地依偎

皇后不知倦地跳着舞

红裙子像绽开的花蕊

孩子，别哭

我来唱歌你来睡

皇后跳完了最后一支舞

孩子，别哭

我来唱歌你来睡

从前有一位女子

你也可称她皇后

穿着红裙子

红裙子在小夜曲里妩媚

不知倦也不知道天黑

——别业青《小夜曲》

第二章　欧洲风光

一　启程远行

在北京洪府居住的日子很短，短到屈指可数。晚年的赛金花几乎想不起这段时间里任何一个相关的记忆碎片，除了曾朴的造访。他当时也在北京做官，是洪钧的座上客，倒是经常出入洪家。他的父亲与洪钧交好，他的老师又是洪钧的学生，按照辈分，他还得尊称赛金花一声"小太师母"。

众所周知，曾朴是《孽海花》的作者，这本小说被称为晚清四大谴责小说之一，主要讲述的就是洪钧和赛金花的故事。它是那样的流传久远，深入人心，以至于后世人对赛金花的观感，有相当一部分都来自他所刻画的"傅彩云"的形象——妩媚风骚，放肆泼辣，既有行事聪慧的一面，又欺软怕硬且挥霍无度。这也颇符合人们对于那个年代里风尘女子从良后当了姨太太的想象。

但是，那绝不是赛金花真实的样子。假如曾朴与赛金花素不相识，不知他笔下是否会留情一些？

曾朴在洪府第一次见到赛金花的时候，着实被惊艳了。他在书中也描述了初遇时所见："一回头时，却见那轿子里坐着个十四五岁的不长不短、不肥不瘦的女郎，面如瓜子，脸若桃花，两条欲蹙不蹙的蛾眉，一双似开非开的凤眼，似曾相识，莫道无情，正是说不尽的体态风流，丰姿绰约。雯青一双眼睛，好像被那顶轿子抓住了，再也拉不回来，心头不觉小鹿儿撞。"（《孽海花》第七回）这段描写，或许是他当时心境的如实记录。

赛金花对于男人的目光总是很敏感，见曾朴望着她，便推说身体不舒服，回了自己房间。隔了几天，曾朴又登门造访，她也没有出来会客，他多少有些怅惘。后来，一切便都恢复了正常。但凡微妙的东西，只要未经发酵，时间一长，也就烟消云散了。

有后人推测，曾朴当年暗恋赛金花。或许，也算不上什么暗恋，一个男人对一个美丽的女人动了心，太平常不过。

至于，究竟是赛金花确实给曾朴留下了不好的印象，还是因为交往不深单凭道听途说，抑或只是为了作品的艺术效果而进行了移花接木的加工，才有了这部《孽海花》，我们不得而知。

第二章　欧洲风光

三十年后，赛金花与曾朴在上海相遇，他是特地去参加她的婚礼的，算是一场喜相逢，也只有相逢一笑了。

过了没多久，洪钧被朝廷任命为钦差大臣，出使俄国、德国、奥地利、荷兰四国，很快就得启程。赛金花听到消息，心里空落落的。她知道洪钧离开后，她在洪府的时光更难打发，每天不是虚度时日，就是暗中留心，提防二太太的惹是生非，更加孤独，也愈加审慎。

晚饭时，全家人入座，洪钧便宣布了要携夫人出访的消息。这本在情理之中，他年事已高，身边必然得有一个知冷知热的人陪伴，而且这也是使臣的必要礼仪。大太太说自己年纪大了，不想出门，何况家里的事情还需要她操持。她这几年深居简出，心如止水，最大的兴趣也就是诵经念佛了。二太太也极力推脱，本来她是很热衷于以洪夫人的身份参加各种社交活动的，但无奈她天生身子弱，害怕自己经受不起长途航行的大风大浪。她建议洪钧多带几个能干的丫头，也是一样的。

洪钧望向赛金花：梦鸾，不如你与我同行吧！你年轻，身体好，能照顾我，顺便也可以出去见识见识，开拓一下眼界。

二太太狠狠地瞥了赛金花一眼——她自己去不了，也极不希望其他人渔翁得利。

赛金花一愣，继而微微一笑，点了点头。或许在别人看来，只觉得她在这个家里已经习惯了逆来顺受；其实，她的内心是渴望出去的，她有一种懵懂的直觉——这趟长途远行，将是她一生的重要转机。她说：这趟出行山高水长的，老爷身边还是有个贴心些的人比较妥当，我愿意随同您一块儿出洋。

二太太说：好是好，只是担心梦鸾没见过什么世面，在那些欧洲王公贵族面前失了礼数，折了老爷的面子事小，丢了朝廷的脸面事大。

洪钧不以为意，说郭嵩焘当年出访英国，带的也是如夫人，照样圆满完成使命。何况像梦鸾这般聪明谨慎，不会惹出什么麻烦来的。

见他这样坚持，二太太也无法再说什么了。大太太便张罗着叫人把她那套诰命夫人的服饰找出来，借给赛金花穿。

晚上，洪钧去了二太太房间。赛金花吹灭灯，倚靠在床头，静静地抚摸着诰命夫人的衣服。清凉的月光洒在窗前，衣服上的珠玉金箔和皇帝印鉴都散发着柔软的亮光。她想起小时候穿过的那一套套缝缝补补的花衣裳，还有在富记时经常穿的那件鹅黄色的喜气洋洋的绸袄，以及那一双双在绸袄上来回摩挲的男人的手。

大部分女人是爱衣服的，那些穿过的色彩明媚的布料，替自己记录了一段时光的心情。有时候不记得某年某刻了，但想起

第二章　欧洲风光

那一件穿过的裙衫，瞬间便记起许多事情。如张爱玲所说：回忆这东西若是有气味的话，那就是樟脑的香，甜而稳妥，像记得分明的快乐，甜而怅惘，像忘却了的忧愁。

赛金花忽然就流泪了。这也是她一生仅有的几次流泪中的一次。

贴身丫头秋喜走进来，问她：太太，您还没睡吗，怎么不点灯？赛金花只是轻轻地"唔"了一声，把衣服放在一旁。秋喜坐在她身边，递过一方手帕，说：太太，您是不是担心船上的风浪，还是害怕那些长毛子？赛金花嗔道：什么长毛子，人家是西洋人。秋喜说：如果您执意不肯去的话，相信老爷也不会强求的。毕竟大太太和二太太也不愿意去。一路上那么辛苦，我担心您的身体难以承受。

赛金花透过房间里那半明半暗的光，慢慢地说：老爷都能去，我是一定会去的。——连她自己都听出了自己声音里那掩饰不住的明快。

就这样，在京城没待几天，过完中秋节，他们就要动身了。秋喜自告奋勇陪同出行。由北京到天津，再由天津到上海，一路上遇到了许多前来恭贺并送行的人。赛金花穿着那套威仪华贵的诰命夫人衣服，以状元夫人的身份，端庄典雅地站在洪钧身旁，分享着那些参拜和祝贺。人们纷纷赞慕着夫人的气度不凡，洪钧得意地牵着她的手，欣然接受这一切。这对夫妇的风光是必然的，毕竟他们是受慈禧太后和李鸿章的委托，出访欧洲四国的。

一切看起来都是那么顺风顺水，除了初到上海时发生的一个小插曲。他们刚下船，洪钧走在前面，提前上了轿。这时天边忽然响起三声巨大的炮声，与记忆中太平军的炮仗声一样，赛金花惊慌失措地瘫倒在地，秋喜也面如土色，趔趔趄趄。洪钧从轿中走出来，一边哈哈大笑，一边扶起她来，告诉她不要慌张，这是表示欢迎的礼炮。周围的人为了缓和她的尴尬，也跟着笑起来。

赛金花整了整衣衫和头饰，那一瞬间她讨厌自己极了，虽然穿上了诰命夫人的凤冠霞帔，与身份尊贵的洪钧并排站在一起，可她骨子里还是一个没见过世面的丫头，徒有气度其表，实际局促不堪。

如赛金花这般出身的女子，或许都有一颗敏感的心。她讨厌自己到极致，表现出来的只是讪讪的微笑。那天，赛金花在心中暗暗起誓：等到了欧洲，一定要凡事留心学习，遇事保持淡定，哪怕眼前有刀山火海，也得尽她全部的力气沉着应对。不为别的，只是为了让自己在自己面前能够体面一些。人只能活这一次，至少得先悦己。

第二章　欧洲风光

他们从上海搭乘法国的萨克逊号邮轮前往柏林。此次航程十分漫长，虽然对船和水毫不陌生，但温柔水乡终究没法与大海的惊涛骇浪相提并论。一路上，赛金花晕吐了无数次，吐完之后又收拾干净，强打精神，依偎在洪钧身旁，为他唱一段小曲解闷。洪钧心疼她，不断嘱咐人为她送水递汤。从登上萨克逊号开始，她成了人们眼中唯一的夫人，一个年轻女子的虚荣心获得了巨大的满足。

在她与洪钧的婚姻中，最融洽的时光有两段，一段是孕中，一段便是这漫长而单调的海上航行，他们是彼此最好的旅伴，互相照顾，想方设法驱散对方的寂寞，静静地感知两个人独处的氛围。

彼此不被一时一域所拘，得似浮云也自由，每天目光所及之处，都是变幻多姿的新鲜。在这样的情境之下，两人自然地找到了适当的相处方式，既各自欣赏一路的景致，也相依相携，同来同归，进退得宜，张弛有度。旅途中的两个人，白日放歌须纵酒，青春作伴好还乡，平时困扰的那些事物，仿佛不过是无量世界里的微尘，唯有眼前的美景和同行的伴侣不可辜负。

钱锺书说，经过长途旅行而彼此不厌的人，值得托付终身。汉学家宇文所安和妻子田晓菲从西班牙的安达露西亚平原旅行归来后，田晓菲写成《赭城》一书，并在扉页中写道：

"这部书,我把它献给所安:我的旅伴。"旅伴,实在是最好的一种关系。

就这样,船终于抵达了目的地,赛金花也抵达了一段全新的人生。

第二章　欧洲风光

二　生命中最任性而美好的三年

在欧洲的那段时光，她真的像个小姑娘般快乐。全新的异域，周围充满着未知的宽容的气氛，所有的人都用新鲜而宠爱的目光打量着这个身材纤细、容颜俊丽、粉妆玉裹、穿着华丽的锦缎貂裘，看上去只有十几岁的东方女郎。

她对什么都可以心安理得地不了解，对什么都能够坦坦荡荡地表示好奇。洪钧也不像在家时那般庄重肃然、正襟危坐，时不时会当众摸摸她的头发，挠挠她的手心，或者与她闹闹小脾气，有了一种既是丈夫又是情郎的感觉。更何况现在的他，完完全全属于她一个人，她不必小心翼翼地在大太太面前表现得端庄贤淑，也不必在二太太尖酸的话语里强作云淡风轻。在这里，他们俩只有唯一的身份：公使与公使夫人。

在她长长的一生中,也只有这三年光阴,她能以一个小女孩的姿态任性地生活。生长在颠沛流离、贫病交加的家庭里的孩子是没有童年的,在周家巷总是一脸愁苦的父母亲身边,她必须少年老成地学会克制各种欲望。从踏入富记花船的那一刻,她的少女时代也就宣告终结了。她得随波逐流于那些妖娆的妇人,履行她应该呈现的角色。后来她嫁人了,嫁给状元并不如常人所想象的那般风光。而她离开欧洲之后,命运又对她展开了一系列变故与捉弄。直到她离开人世的那一刻,她再也没有像在欧洲生活时那般从容自在、轻俏恣意了。

她和洪钧居住的中国使馆,是一座长方形的三层花园洋楼,据说曾是一位显赫公爵的私宅。房子体面而有品位,白色的院子里种满了姹紫嫣红不知名的花花草草,与芳草如茵的绿草坪交相辉映。别墅后面有一条清澈的小河,这令长期生活在水乡的她倍感熟悉亲切,她时不时在河里悠闲地划划船,闲适惬意极了。有时,她会冲着窗户向正捧着一本书的洪钧招招手,示意他也出来一起划船玩耍,洪钧总是摆摆手,继续读书,过一会儿又叮嘱她要注意安全。

赛金花请了两个金发碧眼的欧洲侍女陪同,在她的要求下,她们每天都教她念德语。她天资聪颖,就像十年前学习琴棋诗画般一学就会。洪钧有时候晚上在房间里踱步,听到赛金花房间里

第二章　欧洲风光

传来的一片叽里呱啦的德语声，也会颇有兴致地凑过去一起学，每次学了几句就苦笑着放弃了，她便会像个献宝的小孩子般跟过去，巧笑倩兮地环抱住他，在他耳边源源不断地念着那些新学会的词句。两个德国侍女还教她梳妆成德国贵妇的样子，那时候欧洲流行化点痣妆，她便时不时在眼角点上一颗红色的痣，迷离着眼睛时，显得既调皮可爱又风情万种。

　　洪钧虽然学贯中西，到底还是旧文人脾气，全身上下不肯用一样西洋的物件。虽然家里帮他准备的行头充足，但柏林毕竟是异国他乡，他没办法把轿子和轿夫也一并带来。每天出行，他坐不惯汽车，也不乐意乘坐马车，能步行就步行。他穿的鞋履不适应柏林的马路，脚磨伤了。赛金花劝他换上洋人的袜子，他如同孩童般执意不穿，还讲了一篇大道理。赛金花想了想，晚上便请侍女连夜赶制了几双袜子，第二天拿到洪钧面前，用一口软糯的苏州话央求他：这是我熬了一晚上特地为你缝制的袜子，看在人家这么辛劳的份上，就穿了吧。洪钧拍拍她的手，无可奈何，只能就范。后来，他又穿上了赛金花为他"缝制"的两双洋鞋。

　　作为清朝使臣，洪钧免不了经常应酬一些礼节性的聚会。因为学会了德语，赛金花陪同洪钧去参加那些隔三岔五举行的晚宴派对时，更应付自如了。有时候，赛金花还叮嘱洪钧邀请使馆的人来家里吃饭。她领着秋喜和两个从国内带来的厨师，亲自张罗了一桌中国菜，这菜是她动脑筋改良过的，去除了西方人难以接受的油腥味道，还模仿西餐分食的方式，将菜肴一道一道地分别盛放在每个人的碗中，大家都赞不绝口。

这是她人生中求知欲最旺盛的一段时期，与其说她在努力地融入欧洲人的生活圈子，倒不如说她把自己当作一块巨大的海绵，在这片湿润的异国土地上不断地吸收着新奇知识的水分，她想检验一下自己究竟蕴藏着怎样的能量。

她还学会了跳舞，因为是小脚，在练习那些西洋的舞步时难免不适应，反而使得她的舞姿更添一种步步莲花的韵味。她吸引了舞池里王公大臣的注意，他们纷纷上前鞠躬伸手，请求与她共舞。每每此时，她都会小鸟依人地望向洪钧，只有取得了他微笑的同意，她才欣然赴约。她是真心喜欢跳舞，因为那一刻，她感觉自己是一只轻盈的蝴蝶，可以在一个异国的舞池中随心舒展，自由翩跹；又如一只高贵的天鹅，以优雅的姿态展现东方女性的神秘和气度。

她与那些高鼻梁、高个儿的西方男子一起跳舞时，如果洪钧在宴席的现场，她那流转的眼波总是会时不时朝着他示意。她在他眼里，是那样的富有魅力又温柔乖巧。虽然他是典型的旧式文人，爱安静，不愿意夜夜应酬，但既然她能够获得快乐，那就

第二章 欧洲风光

陪着吧。驻留这里的每一天,如同在度蜜月,不是浓得化不开的深情蜜意,就是层出不穷的各种惊喜——娶她,真是一件令人惊喜的事情。

他内心很清楚,当初并不是非娶她不可,是一点欲望,一点逞强,再加上一点老夫聊发少年狂的冲动。对于她的出身,他总是介意的。像他这样的人,惯爱声色犬马的是他们,要求妇人三从四德的也是他们,在诗词歌赋里赞美忠贞不贰的爱情的还是他们……洪钧没有想到,这个第一眼让他惊艳的女子,居然慢慢成为他心上的第一人。

而他在她的眼里,始终是仰慕的对象。也许是在富记待太久了,她脑子里关于自己人生的抽象图景总是与船有关,她觉得自己像是一只在暗夜里航行的孤独的小船,虽然漫天星光璀璨,却看不到停泊的方向,直到发现那一抹来自他的耀眼的光,于是她奋不顾身地朝他奔去。

是他将她从那种漂泊无依、朝不保夕的生活里解救出来,给了她一个闪闪发光的身份,还将她带到这天长地阔、繁花异草的欧洲来,令她获得了一种未曾有过的无拘无束的风光。她面对他,有欣逢贵人的感恩和感激,她所能回馈于他的,唯有投其所好地取悦他。

三　月亮化身的小孩

　　日子就这样甜蜜又相安无事地过着。这几天，赛金花很少出门，成天恹恹的，睡得早起得晚。女佣变着法子给她做中西式的各种爽口的菜，也提不起她的食欲，问她有哪里疼痛不适，都说没有，只是浑身没力气。洪钧以为她是水土不服，或者夜夜应酬得人乏了，只是多加嘱咐用人好好照顾。

　　午后，她坐在院子里的躺椅上，沉沉地睡着了。她做了一个梦，一只饱满的大月亮从空中飘落在她的怀里，她感到幸福极了，想将这只大月亮完完全全地搂住，但是胳膊太短，怎么都搂不住它，眼睁睁地看着那只大月亮慢慢地从她怀里离开，飘飘悠悠地朝着天空飞去，她急了，连忙骑着一匹白马去追赶它，一直追到天际，一路上经过漂亮的花丛、清静的湖泊和绿枝撩人的柳

第二章　欧洲风光

树群,却再也追赶不到那只大月亮了。她怅然若失地从这个美丽又伤感的梦中醒过来,细细地回味,梦里的每一个情景都记得很清楚。

晚上洪钧回来,她原原本本地把这个生动奇特的梦当作故事讲给他听。他忽然说:啊呀,梦见月亮入怀,这可是胎梦呢!赛金花还没反应过来,他就叫人赶紧去请一位西洋大夫上门。看着他喜出望外的神情,她倒有些怔怔地不知所措。

洪钧虽已年届半百,娶了三房太太,膝下却只有一个独子,且早早地就娶妻成家。他已很久不曾体验过逗养小儿的乐趣了。在娶赛金花之前,他没期望过这辈子还能再次做父亲,晚年得子,他的欣喜是必然的。

果不其然,赛金花被证实已有三个月的身孕,算起来差不多正好是航行在大洋途中怀上的。医生向她和洪钧表示恭贺,并奇怪地问她:已经怀孕几个月了,为什么她竟然浑然不觉?其实这也不怪她。她一度以为自己一生都没有机会成为母亲了——在花船中待过的姑娘,又有几个人敢奢望自己能够像平常人一样生儿育女?

她嫁给洪钧的那天晚上,看见喜被上铺着的那些桂圆红枣,她还曾暗地里叹过一口气。当时喜娘说,一看她的长相就知道她多子多福,她仅是出于礼貌地笑笑。第二天去寺庙上香,她双手合十时许下的心愿,也和孩子有关,但许愿归许愿,其实是不抱希望的。没想到,桂圆红枣是灵验的,喜娘的话是很准的,甚至菩萨也成全了她,当真赐给了她一个孩子。

这是她第一次怀孕即将做母亲,她感到自己正一步步地接近着一直以来所追求的那种正常、富足、体面、幸福的生活。同时,她的内心又时常泛起一丝丝隐隐的不安,她觉得自己过于好运了,嫁给了状元,又以公使夫人身份来到欧洲,现在正孕育着一个小生命。面对这样的幸福,她有些受宠若惊,感到似乎承担不起。

而洪钧呢,由于太久没有做父亲了,他激动得放下了手头不少公务,嘘寒问暖、百依百顺地陪在她身旁。他甚至不大像一个丈夫,更像一个溺爱女儿的父亲。

后来有资料记载,"洪钧要求下属为傅彩云站班,随员荫昌反对站班,洪钧恼羞成怒,遂把他驱逐回国"。这时候的洪钧像换了个人似的,眼里只有赛金花和她的孩子,对待旁人免不了苛刻。

当洪钧不在家的时候,秋喜怕她闷,便时不时地陪她聊天。她总是愿意听赛金花说那个奇异的胎梦,赛金花也愿意一遍一遍地叙述。秋喜时常带着确认的口气说:您是梦见了骑白马、湖泊还有柳树,对吧?赛金花问:这按老人家的说法,算是生男还是

第二章 欧洲风光

生女的预兆？秋喜说：一般都是女孩，不过太太您这么有福气，没准怀的是一位小状元。

男孩或者女孩，赛金花没有那么看重。她觉得自己目前获得的幸福已经够多了，她知足，也无意于费心费神地再去争取一些什么。她最大的心愿就是腹中的宝贝平安健康地降生，他们能够在欧洲多待几年，这种平静温柔的时光可以延长得久一点。

她果真生了一个女儿，粉嫩可爱，惹人怜惜，清秀的眉眼十分像她。洪钧为女儿取了一个乳名，叫作德官，寓意是德国出生的可爱小女孩。德官躺在粉红色的婴儿床里，四周笼罩着蕾丝纱帐，脸上的表情宁静而甜美。赛金花凝视着女儿的脸怔怔出神，这个与自己一样美丽的女孩，却比自己幸福多了，她出生在这样的环境中，以后也能像那些她从小羡慕的养尊处优的闺阁少女般，雍容淡定地成长，然后嫁给一个年龄相当、品貌优秀的男人，携手度过幸福优裕的人生。每每想到这里，她就情不自禁地笑了。

四　遇见俾斯麦

有了孩子之后，时间像是被故意拨快了似的，一天一天如流水般哗哗地逝去。转眼间，德官已满周岁，赛金花也已陪同洪钧先后出访过俄国、奥利地和荷兰，这一年又回到了柏林的使馆中。

见孩子大了些，洪钧又成日忙碌起来，白天忙于公事应酬，晚上挑灯修订《元史译文证补》，陪伴赛金花的时间越来越少。她多少开始怀念起怀孕前歌舞升平的喜乐时光了。

一天她进房间为洪钧倒茶，看见他正在书桌边津津有味地赏玩一张地图。他告诉她，这是托人从俄国买来的一张中俄边界地图，虽然花费了重金，但它价值连城，简直无法估算，等回国之后交给朝廷，一定能派上一番大用场。他指着地图的几个地点，

第二章 欧洲风光

——向她介绍，这些都是她陪他一起经过的地方。

她对于画满了板块和疆域的地图是不敏感的，视线的余光看到他桌上放着一个精致的邀请函，便顺手拿了起来。洪钧看出了她的心思，告诉她这是威廉二世和腓特烈王后的宴请，她到时候可以与他同往赴宴。

赛金花还是第一次参加德国皇室邀请的如此高规格的宴会，她为出席宴会要穿的一件裙子，来来回回修改了很久。这条裙子上面有着二十四条飘带，后来她别出心裁地在每条飘带上都系了一个小银铃铛，走起路来就会发出一串清脆悦耳的声音。她还找使馆里的德国人教她礼仪，一有机会就温习一番。

那天，当她披着一件孔雀毛披肩，身穿那条飘带上系着二十四个小铃铛的湘绫裙，挽着一身中式长袍的洪钧，款款走进那座布满烛光的皇宫，见到的第一个人便是威廉二世——德意志帝国末代皇帝、第一次世界大战的策划者。威廉二世身后是他的母亲腓特烈皇后——出生于英国王室的维多利亚公主。后人曾将威廉二世的错误归咎于她，说正因为她对威廉二世的严厉蛮横的管教，致使威廉二世形成对英国的强烈逆反情绪，才间接导致了人类历史上两次残酷战争的发生。

她见到赛金花，连声称赞她"东方第一美人"，从此这个美誉伴随了赛金花的一生。

我的真相，在春天抵达：赛金花传

摄影师提出帮洪钧夫妇拍一张合照留作纪念，洪钧无论如何都不肯拍照。赛金花却落落大方地与腓特烈皇后及威廉二世合影，这些照片在以后的某个时刻，帮了她的大忙。

腓特烈皇后毫不掩饰对这个东方美人的喜爱，把她介绍给正在不远处与人交谈的俾斯麦认识。就这样，她遇见了这个当时纵横睥睨的"铁血宰相"。她注意到，几乎在场的所有人，无论正在做什么，或是正在与谁聊天，都会有意无意地望向他，眼神中有敬仰，有好奇，也有深深的畏惧。正如《俾斯麦传》（湖南人民出版社2014年版）一书中所说："在我的政治生涯中，自始至终都有许多仇敌。从加龙河到维斯杜拉，从贝尔特到台伯河，在德意志的几条河边、奥德河边与莱茵河的周围地区，你随处都可体会到我是那时最有权势，同时也是国内最遭怨恨的人。"

赛金花听人说起过他的事迹，却没想到这位传闻中冷血铁面的权力狂人，居然会邀请她跳舞。他的脸上没有一丝笑容，神态却很放松，他对洪钧说：你的太太美丽极了。

舞毕，俾斯麦对她说：下次再请你共进晚餐。

第二章 欧洲风光

五　初遇瓦德西

俾斯麦说的"下次"很快就到了。他的手下来到中国使馆，递给洪钧一份有俾斯麦亲笔签名的邀请函。赛金花央求洪钧一同前往，可洪钧前一天夜里写稿到深夜。于是赛金花在一个欧洲侍女的陪同下，来到俾斯麦的公馆。

也就是在这次宴会上，她遇见了瓦德西。

人的一生会遭遇无数次相逢，缘灭缘起，似乎在刹那间就已了然——有的是阅后即忘的过街风景；有的当时只道是寻常，多年后想起却慨叹不已；还有的似是偶然的凑巧，实则是宿命的必然。

第一次见到瓦德西，赛金花的内心就涌动着几分未完待续的心情，眼前这个一身军装，正值盛年的陆军中尉，只是个典型的日耳曼族男子，高高的个子，长长的鼻梁，金发碧眼，脸颊消瘦。她虽然在柏林居住了两年，但目之所及的德国人的长相，还是大同小异，瓦德西在她眼中也本应就像其他外国人一样，有着异域的英俊，疏离的礼貌，奔放的举止，和永远无法贴近他们的灵魂。但偏偏不是这样，她觉得与他一见如故。

关于这场宴会，除了与瓦德西的这段相遇，别的细节她都记不大清了。许多文人，包括与她相识的曾朴，都愿意将她描绘成一个工于算计、步步钻营的女人。但她纵然有虚荣的一面、精明的一面，以及天生的交际花的禀赋，但到底还是"辜负"了这些人对她的"寄望"——她骨子里始终是一个感性、脆弱的寻常女子。

在她人生后半程，直到她去世，甚至到现在，人们提到她，永远也绕不开两个名字——洪钧和瓦德西：一个让她离开青楼，跻身上流社会，成为状元夫人；一个成全了她在历史传说中扮演的救国英雄的角色。

曾朴在《孽海花》中想象着瓦德西与她的交往："彩云的手忽然触动匣上一个金星纽的活机，那匣豁然自开了。彩云只觉眼前一亮，哪里有什么钻石簪，倒是一对精光四射的钻石戒指，那钻石足有五六克拉，似天上晓星般大。彩云看了，目不能视，口不能言。"（《孽海花》第十五回）

第二章　欧洲风光

　　晚年的赛金花读到这一段，合上书叹息不已。除去因私人感情故意抹杀形象的成分，以及文人创作中习惯采用的夸张手法，曾朴对于她的了解实在太肤浅。即便在风尘中多年，她也从未为什么金银珠宝欣喜若狂过，精心算计过。她会为洪钧送给她的一块玉佩不是稀世珍宝而失落，只是因为发觉，当时她在他心中还不是至关重要。从她十三岁起，除了爱情，她毕生所求无非是生存，以及如何更好地生存。

　　她与瓦德西在德国期间，其实总共只见过三次面。除了在俾斯麦家中的这一次，还有一次户外练习骑马时偶遇，不过二十来分钟的聊天，他就去执行军务了。第三次见面则是一年后，她和洪钧即将离开德国之际。

　　在使馆举行的饯别会上，隔着宽大的桌子和各种各样的人，他们远远地互看了一眼，同时微笑。他向她举杯，她也晃晃酒杯表示回应。宴席结束后，他们站在角落独处了一会儿，没有多说什么临别感言，他以一个老朋友的口吻，让她回国之后，有机会一定要再来柏林，到时他会请她喝下午茶。她也欢迎他到北京做客，许诺带他去游紫禁城和长城。

　　看见洪钧走过来，他们笑着告别。洪钧问赛金花和那个德国军官在聊什么，她说去年夏天在俾斯麦家里见过他，所以寒暄几句。洪钧追问：一年前的事了，怎么还能认出来？他的眼里似笑非笑，似乎还掠过一丝寒意。她知道他的疑心，说这些德国军官穿的衣服都很像，见他和自己打招呼，就猜测是那次宴会上见过的，然后亲密地搂住洪钧，与他谈起最近几天德官的可爱趣事，也算应付过去了。

晚年时，赛金花在口述自传中否认了她与瓦德西相识于一场舞会："有人说，我在欧洲常常到各跳舞场里去，那是一派胡言。要想一想，我是个缠脚女子，走动起来如何不方便，而且我在欧洲就连洋装也没有穿过，叫我怎么跳得起来？休说到跳舞场，便是使馆里遇到请客，按照外国的规矩，钦差夫人应该出来奉陪的，可是我只是出来打个招呼，同他们握握手，就退回去。"她的确没有与瓦德西跳过舞。只是当她以这样的角度叙述这段过往时，是出于一种什么样的心情，也就不得而知了。

第三章 繁华一梦终觉醒

请不要相信我的美丽,也不要相信我的爱情。在涂满了油彩的面容之下,我有的是颗戏子的心。所以请千万不要把我的悲哀当真,也别随着我的表演心碎。亲爱的朋友,今生今世我只是个戏子,永远在别人的故事里,流着自己的泪。

——席慕蓉《戏子》

第三章　繁华一梦终觉醒

一　回到北京

三年任满，洪钧携着妻儿和一干随从回国了，就这样赛金花生命中最任性而美好的一段岁月随之流逝。在这三年里，她从未遇到过真正令她烦心的事情，每天就像在天宫幻境里飘浮着，希冀些什么就能得到什么。如果不是带女儿德官回家的念头还能稍稍地安慰到她，她的心里真是绝望极了，有一种即将被打回原形，或者是被人从一个过于繁华美妙的梦中推醒的感觉。

在船上，她问她的丈夫：我们还会再回来吗？洪钧哈哈大笑：回来？我们现在就是回家啊，你的家不在这里，而是在海的另一头。

她望着那渺渺茫茫的大海，知道每向前多行驶一分钟，她的离开也就更万劫不复。海水翻滚激荡，怀里沉睡的小德官呼吸均匀,她在这一动一静的对比中,只有一种感受:心似双丝网,中有千千结。

　　轮船抵达中国的那一天,遵循礼仪,她还得整整齐齐穿戴上大太太借给她的那套华丽的诰命夫人的服饰,这一次穿上时,心境和之前完全不同,就像一个扮演王后的戏子,装扮得惟妙惟肖,却还得接受真正的王后的检阅。在当时赛金花的知觉里,就是这般的沧桑和无奈,一切无所顾忌的美丽与唯一享有的丈夫,都已经化为了终结的泡影。

　　这边厢,洪钧倒是心情舒畅、春风得意得很,也就难以察觉到赛金花的闷闷不乐。他离国三年,虽然为朝廷做出了一番建树,可在那西风洋土的环境中生活,如果不是贴心可人的赛金花陪在身旁,他是极不习惯的,早就盼望着回去的那一天。而且他一回来就将接受慈禧太后的封赏——升任兵部左侍郎,抵达他的仕途生涯的高峰。

　　许久不见的大太太和二太太都苍老憔悴了很多,她却出落得越发花枝招展,言行举止也不自觉地增添了不少落落大方的西洋风情。二太太知道像洪钧这样的旧派文人会顾忌什么,没少在家中围绕着这一点大做文章。

　　秋喜回来后很快就疏远了她,转而投靠了二太太,这倒是令赛金花猝不及防,颇感意外不已,仔细想来,原来秋喜当初自

第三章 繁华—梦终觉醒

告奋勇陪自己去欧洲,不是出于对她的殷勤讨好,很可能是二太太千里迢迢外派的眼线。在欧洲的那几年,她很感激秋喜对她的追随,把她当作了贴心贴意的心腹,可这一腔心意如今全化成了在二太太面前邀功的筹码。当年在花船上,她没少见识尔虞我诈的争斗,虽然按理说她应该是见怪不怪的,不过在心底多少总有些叹息。

秋喜那丫头,有事没事就在二太太房中绘声绘色地描述三太太在欧洲是怎样的光彩照人,有多少欧洲的贵族男人与她共舞过,她在日常生活中又是如何效仿洋人做派,还有老爷在她怀孕时千依百顺的呵护。二太太听得又是厌恶,又是嫉妒,又是庆幸她生的只是一个女儿,百感交集都化为她在洪钧面前一次次的煽风点火。

像洪钧这样阅尽人事,老于世故的聪明男人,当然一眼就能看出女人的小心机。可是当他回家以后,对赛金花却也的确渐渐疏远了——也不算特别冷落,只是至少将三房太太一视同仁了。就连对德官,也远不如在柏林时的牵肠挂肚,心情好时倒是会逗玩一番,平时也最多嘱咐几句家中的奶妈用人要对小姐悉心照顾。

而像她那样冰雪聪明的人,也自然感觉到他的变化,甚至也早就能够预料这样的变化,只是她拿不准他究竟是为了在另外的妻子们面前避嫌,还是时移势易,一回到家中就失去了那份浪漫温柔的情怀,她现在也无法像以前一样肆无忌惮地与他相处了,就连缝缝补补、做菜炖汤之类的尽心侍奉,也似乎不能名正言顺地做了,一大家子人,还有另外两位夫人,个个都可以抢着做。

除此之外,她慢慢地发现,他的内心对于她始终存在着某种猜疑和不满。他不再用一种宠溺的目光看着她,和她在一起时也很少如返老还童般朗声大笑,甚至有几次还会突然沉默起来,脸色也阴沉着,令气氛有些尴尬。除了二太太搬弄是非的挑拨,她的眼前时常浮现起那天在使馆饯别会上,他某一刹那所流露出来的那深不可测、寒意凛凛的眼神。也许他看到了她与瓦德西之间的无声的交流,虽然他们俩之间的交流是那样隐秘短促,难以觉察。但洪钧从未与她提及些什么,除了她,外人也几乎都感觉不到有何异常。

只有小德官,最能令她感到慰藉,她越长越像她,小鼻子小脸,一看就是个乖巧的孩子,安安静静的,除了很依赖自己的母亲,很少像别的孩子一样吵闹,就算是偶尔的一声声啼哭,听起来也婉转曼妙得像是一只小黄莺在歌唱。每天抱着女儿时,边唱苏州小曲儿给她听,边为她梳小辫,女儿就会很甜蜜很满足地对她笑,在这个时候,她会深深地体会到现世的感觉。如果时光

第三章　繁华—梦终觉醒

能够静止在这个阶段也很好，虽然丈夫不如在柏林时宠爱她，家中有女人的地方就会有危机四伏，但比起她之后的生活，这简直就是天堂了。好在至少拥有过这么一段人意共怜花意满的时光，才能有足够的勇气去应对花好月圆人又散的未来。

二　洪钧去世

　　量无穷，时无止，分无常，终始无故。无常总在捉弄着世上的人群，天意从爱怜转化成暴虐常常不过一夜之间，这样的变幻，因为太过仓促也就愈发锋利。

　　光绪十八年（1892），赛金花二十八岁。这一年，洪钧遭到朝廷官员的联名弹劾。

　　祸起于她在看到威廉二世和腓特烈皇后的邀请信的那一天，洪钧得意洋洋展示给她看的那张从俄国买来的据说价值连城的中俄边界地图。回国以后，他亲自校勘刻印，作为新发现的西北舆地动态资料，将它交给朝廷。

　　本来这算是足以立个大功的举动，却正赶上中俄边界冲突，当时的外交官将这幅地图拿给俄国人看，没想到却被俄国人抓

第三章 繁华一梦终觉醒

到了一个致命的把柄：中国所属的帕米尔地区的许多哨卡在地图中被画出中国国界，而这正好可以被用来作为国土争端的证据。洪钧不懂俄文，当然也万没有想到这幅花重金买的地图居然有此纰漏。朝廷的官员集体上书，要求洪钧为他的错误付出代价。

他当真付出了代价，这个代价便是从此以后仕途的终结。

对于像他这样的彻彻底底的士大夫，仕途比生命比财富比其他任何东西都更重要。

年少时家境贫寒的他，多次向父亲苦苦哀求继续念书。父亲常常摇头叹气：你还真以为能读成个状元啊？寒窗多年，像那个年代的所有怀着学而优则仕梦想的年轻人一样，他按部就班地考取功名，从举人、贡士，到参加殿试拔得头筹，成为状元。入仕以后又一路平稳地升迁，由湖北学政、内阁学士、礼部侍郎，做到总理各国事务的衙门大臣，他是中国历史上唯一一个状元出身的外交官。

他本打算再为朝廷效力几年后便告老还乡，体体面面地光宗耀祖，然后依着自己的兴趣写写字，著著书，与一家老小在一起颐养天年。洪钧一生小心，从未有过半点行差踏错。如果说娶了赛金花为妻，是他人生中第一次华丽的冒险的话，那么这一次的失误对于他来说可算作是一生中最毁灭性的打击。

洪钧从此生病了。直到他第二年去世，再也没有从病榻中离开。他不愿意有人成天守候在他的床边，吩咐大家不要打扰他静养。大太太以为赛金花可以破例，派她进去侍奉在左右，可她一进门，就被洪钧给骂了出去：滚开，不要在这里碍手碍脚！

赛金花抬头看了他一眼，说了声老爷息怒，尔后弯着腰一溜小跑地出去了。这是嫁给他这么多年以来，他第一次骂她。她能理解他的无常的情绪。

起初二太太还精力充沛地与赛金花斗气，怪罪她在欧洲的那几年，没有照顾好老爷，致使他水土不服，身体变弱，留下病根。到后来，眼看着洪钧的身体一天不如一天，她也没闲心再数落赛金花的不是了，因为每个人都陷入了深重的恐慌。

生活在深宅大院里的每一个女人，都自觉遵守着以男人为中心的家庭游戏规则。当一个男人扬眉吐气时，她们的生命也随之被照亮。当他一蹶不振、身染沉疴时，她们的精气神也仿佛被抽离了。大太太整晚整晚地跪在佛堂念经祷告，二太太也茶饭不思，一会儿拉着秋喜的手长吁短叹，一会儿坐在洪钧卧室外暗自垂泪。

那时的赛金花既没有求神拜佛的习惯，也从来极少流泪，她只是抱着德官，远远地看看那扇紧闭的大门和微微打开的窗户，

第三章 繁华—梦终觉醒

心想：总会有奇迹发生的吧。

她祈愿的奇迹终究没有降临。第二年夏天，洪钧生命垂危，医生说他剩不了几天日子了。大太太带着他们的儿子洪洛全家、二太太与她的父亲——洪钧的至交好友，分别进入他的房间，抓紧最后的时光与他告别。

那天晚上，他派人来请赛金花过去。她看了一眼熟睡中的德官，一个人去了。

她穿着第一次遇到他时穿过的那件藕荷色小衫，轻轻地为他唱了一首苏州弹词。她唱的是女作家陈瑞生写的《再生缘》："后知薄命方成谶，中路分离各一天。天涯归客期何晚，落叶惊悲再世缘……"这首歌以前在柏林时，闲来无事她唱过给他听，他当时说，好是好，就是有几分不合时宜的凄凉。如今唱起来，也算是应景了。

洪钧点了点头，枯槁的脸上露出一丝怜爱的微笑。他缓慢地一字一句地说：梦鸾，我要走了。再世缘这种东西虽然很难测，不过我当然希望我与你还能再见。他告诉她，他为她们母女俩留了五万块钱，这些钱足够保障德官长大出阁之前她们全部的生活。

这个男人，始终是爱护着她，为她着想的。无论彼此之间是否有过铭心刻骨的深爱和琴瑟和鸣的相契，无论他是否曾猜忌过她，他们的感情到后来变得越来越疏离，至少这份爱护之情一直都是客观存在着。

他去世了，留下了一本尚未完成的《元史译文证补》和三个寡妇、一个年幼的女儿。

既然人都死了，光绪皇帝也就特地下诏："兵部侍郎洪钧，才猷练达，学问优长。由进士授职修撰，叠掌文衡，擢升内阁学士，派充出使大臣。办理一切，悉臻妥协，简授兵部侍郎。差满回京，命在总理各国事务衙门行走，均能尽心职守。兹闻溘逝，轸惜殊深。加恩著照侍郎例赐恤。任内一切处分，悉予开复。"

这也算是为他平反了。

第三章 繁华一梦终觉醒

三 重新漂泊

洪钧还在病中的时候，赛金花在心里对于她与德官母女俩的未来生活，就有丝丝的隐忧。但那时大部分心思都放在洪钧的身上，心心念念都是愿他早日康复，还没来得及考虑太多。殡丧仪式结束，赛金花牵着小德官的手走出灵堂，心事重重。

洪钧不在了，仿佛突然之间她们母女就像是在寄人篱下了。为了德官以后生活着想，当然待在洪家是最好的，即便她长大后听说了母亲以前的身份，但她始终是书香门第的洪家千金，依然是高贵的。可她又明白这洪家注定待不久，她虽然曾经以公使夫人的名义风光出访，一旦失去了洪钧，她很快又会被打回烟花女子的原形，洪家少爷、两房太太，以及洪家的族人都容不下她。何况她没有娘家可依靠，除了她自己，不会有人为她们母女俩做主。她打算等拿回洪钧留给她的钱，然后收拾收拾，带着德官回苏州去生活。没有名分也罢，好歹能过得富裕顺心。

晚上回到家，她还在想着如何开口早点拿到钱然后就带着德官回苏州，一进家门，发现一屋子的人全聚齐了，个个都阴沉着脸，气氛肃杀得很。大太太拿出一枚镀金红玛瑙戒指，表情严厉冷淡地问她：你还认得这个吗？

赛金花看了看，认出了那枚戒指，是她在柏林时赏给秋喜的，戒指上还刻着梦鸾二字。她素来为人大方，戒指虽比较贵重，见秋喜目不转睛地盯着，很喜欢，随手便送给她了，也算是感念她对自己的一片贴心忠诚。

她顿时看明白了眼下的情势，面对这飞来的质疑，知道一场飞来的横祸即将来临，既然是蓄意设计好的，纵使百口也莫辩，于是不发一言。她推推身边的德官，想把她带到房间里回避一下，然后一个人应付这种局面。

大太太却制止了她，让她们母女俩站住，哪都不准去，她命令秋喜先说。秋喜看了赛金花一眼，赛金花冷冷地看着她。这一对视，秋喜不禁有些迟疑和发怵，她垂下头，揉着衣角，嗫嚅了一会又不开口了。赛金花说：秋喜，你不要害怕，也不用顾及平时我对你的好。事实是怎样，你就怎么说，只是要记住，每说一句话都要对得起自己的心。

第三章　繁华一梦终觉醒

秋喜面颊通红，二太太朝着她狠狠地使了个眼色，似乎还打了几句哑语。秋喜就如同箭在弦上不得不发一样，双眼一闭，按照事先对好的台词开始演出了。她说，赛金花在德国时和宰相大人手下的一个军官公然眉来眼去，打情骂俏，这个戒指就是那个军官送她的定情物。老爷将一切都看在眼里，气在心头，为了维护洪家的声誉和朝廷的脸面，所以强忍了下来。

与秋喜一起去德国的另外两个仆人也都赶过来做证。他们当年因为在赛金花怀孕时侍奉不周，被洪钧赶回了国，一直对赛金花怀恨在心，现在有这个机会，当然也是百般诋毁，还顺势将自己那时候被驱逐回来，解释成是因为发现了赛金花的奸情所致。如果说秋喜的措辞尚还带着几丝顾虑，不敢信口开河的话，他们则是完全的添油加醋，不置人于死地不罢休，每讲述一件事，所选用的描述性词语都无所不用其极，令听者无不怒火中烧。

这样一切便都看起来有理有据，证据确凿了，在场的所有的人——来自书香门第的洪氏家族的所有人，便开始纷纷毫无忌惮地辱骂她，诅咒她，用眼神大刀阔斧地杀死她，甚至对她身边的那个一脸惊恐的小小的女儿，他们也不肯放过。对于他们来说，一个地位高尚、学养深厚的家族所熏陶出来的礼仪和风度，只是面对高贵的人时才使用的，而她不配。

二太太的一句话即为这场处心积虑的闹剧做了定论：她如此背叛老爷，背叛洪家，老爷怎么可能为她们母女留下五万块钱？她有何颜面配拿到这五万块钱？

赛金花紧紧搂着小德官，环顾着满屋子的男男女女老老少少，每一张脸每一张脸地看过来，有人得意，有人嫌弃，有人仇恨，有人厌恶，有人心虚，有人漠然，无论是哪一种表情，都有着相似的陌生与凉薄。

她冷冷地说：我知道，无论我怎样为自己辩论清白，你们依然会选择不相信。从我走进洪家的第一天起，你们就在脑中幻想着今天这样的场面的发生。因为我的出身卑微，你们中有的人就敢串通起来蓄意诬陷我，还有的人正眼巴巴地等着瓜分我的财产时分得一杯羹。老爷尸骨未寒，自诩高贵的你们就如此各怀鬼胎，我也无话可说。

说完之后，她牵着德官走进了房间。不用回头看她也知道，外面的人正面面相觑。她知道说什么都是于事无补，可她依然要说。这正是她的天真纯粹之处，在以后的人生中她也遇到了无数的类似这样无论做什么都无能为力的情境，可她还是会拼尽十分的力去做。

许多时候，我们都面临着这样的两种选择，不管选择 A 或 B，于事情的结果都无伤大雅。比如无言或者抗争，敷衍或者用心，

第三章 繁华一梦终觉醒

彻底遗忘或者掖进心角的某个地方，顺水推舟地接受或者默默地放弃。在大多数人看来，选择第一种是顺理成章，也不用花费任何气力。但总有另外一种人，凡事都会选择第二种，辛苦却心安。

钱是一分都没有了，这倒是她从未料想到的最坏的结局，总想着过得再不济，也有这些钱够生存下去。现在看来，一切似乎又回到了原点，她再次一无所有。

一无所有的概念是，虽然她很努力地活着，从十三岁活到现在，但她所面临的境遇依然是对于继续生存下去的忧虑。她的个体命运是——没有钱，没有朋友，没有一个娘家人可依靠。而她所处的时代命运是——女人的工作无外乎妇德妇言妇容妇功，一旦赖以仰仗的丈夫死了，她便失业。

就这样，赛金花被这一家人驱逐了出去，她所有的首饰财物，包括洪钧送给她的那串定情的珊瑚珠，都不再属于她——洪家人说，不重罚她已经是看在她伺候了老爷几年的份上才决定网开一面，她有什么资格带走老爷当年赏赐的礼物呢？以及，她最珍贵的女儿德官，也被大太太以保留洪家骨血的名义，要将她生生地从她身边夺走。

本来她只要还有一口气在，都要拼死抢回女儿的。可大太太和二太太都说：你都自身难保，难道希望你的女儿也和你一样将来长大了，也去做个低贱的花船姑娘？

这才令她如梦初醒,为了女儿,什么样的苦难她都愿意承受。为了活下去,什么样的不甘心她也可以忍耐。她相信终有一天她还会和德官重逢,即便将来再次相遇时女儿不认她了,她总会过得比自己幸福,这也算是聊以慰藉的地方。

她告诉德官,妈妈要出一趟远门,山高水长,路途遥远。你不必刻意等待,你所需要做的,只是慢慢地、乖乖地、好好儿地成长,等你长得大一些了,妈妈就会回到你的身边,和你再也不分开,这是妈妈和你之间的约定。德官点点头,踮起脚凑上前亲了她的脸颊一下,像是听懂了。

走的那一天,天空不失时机地飘起了零星的微雪。人们常常感叹为什么分别总在雨雪天,这自然是冥冥中的一种巧合。现代科学家曾对此有过解释:阴雨时空气的气压低,人体的器官会受到一些压迫感,从而令心境感到郁郁寡欢。如果按照文人的说法,则是一切景语皆情语,境由心造,你所遭遇的环境正是你的心情的折射,当你开心时,我见青山多妩媚,料青山见我应如是,当你抑郁时,则是花谢花飞花满天,红消香断有谁怜。

当年她乘一顶前面打着红色状元纱灯的绿呢帷帐的大轿,被洪钧如获至宝地娶进了这座大宅里。这六年来,她获得过洪钧的宠爱,也的确享受过她的人生中从未经历的繁华。如同梦一场,所有的一切都存留在了那扇紧闭的红色大门里了,眼前只有苍茫

第三章 繁华一梦终觉醒

一片的人间咫尺千山路。

她认认真真地朝着洪府的红色大门鞠了一躬,这是独自给洪钧的。这个男人生前是她的丈夫,由始及终对她有情有义。这个男人也是她的造梦师,给了她一段隆重而典雅的生活。他还是她的启迪者,带领她走过千山万水,看遍世间风景,让这个生活在晚清的没有念过一天书的女人知道,人生总是会有无限可能,那宽广的天空下总有一方可以容留她的地方。

有些官宦老男人托人带话给她,愿意不念她的过往,娶她做小。赛金花托人回复了四个字:谢谢好意。

下一站,她打算去上海,那里的十里洋场,是她曾经留恋的气息。她想去上海,因为那里是当下最繁荣漂亮的城市,当然也会有更多的生存机会。

第四章 零落成泥香如故

你在雾海中航行,没有帆。
你在月夜下停泊,没有锚。
路从这里消失,夜从这里开始。

——北岛《岛》

第四章　零落成泥香如故

一　再堕风尘·孙作舟

虽然已经有了十足的前行的勇气，可当她站在码头旁，依然不知道应该何去何从。满眼熙熙攘攘，来来往往的人群，正走向各自的旅途和归途。

二十九岁的她，比起十几年前那个父母双亡、茫然无依的小女孩，中间仿佛隔着沧海桑田。她在风尘里十年，结过婚，做过母亲，出访过欧洲，学习过德语，她不再是她了。可她又仍是她，飘零在这天地间，寻不到归属感。

她想，如果这时候有个人在人群中轻轻唤她一声……

命运是人间戏剧最出其不意的设计师，她果真听到有人在叫她的一个遥远的名字——"彩云"。她回过头，看到的是一个遥远的故人——她在富记花船上遇到的第一个客人，那个笑容温暖的京剧小生孙作舟。

与其说她一眼就认出了他，不如说在这么多年的时光里，她心中一直隐隐约约有这样一个影子。这场相逢令她惊诧不已，她曾经听说他已经去世了。

孙作舟亦喜出望外，她竟然也还记得自己。人们常引用张爱玲的那段话来形容人与人之间的缘分："于千万人之中遇见你所遇见的人，在时间的无涯的荒漠里，没有早一步也没有晚一步的遇上了，那也没有别的话可说，惟有轻轻的问一声，你也在这里吗。"当时赛金花的心情也是这样，千言万语涌在心头，却只对他淡淡地说一句：好久不见。

他告诉她，当年他的确生过一场重病，差点死掉，后来回到了家乡天津闭门养病，总算死里逃生。之后一直待在天津，这两年才来到上海，病虽恢复了不少，但元气失了大半，近几年的时运也越来越不济。

他们两个人，一个曾经是光彩照人的状元夫人，一个曾经是红极一时的戏曲名角，如今都历经沉浮，洗尽铅华，倒颇有天涯沦落人的相惜之情。

或许感情的实质是趁虚而入，他在她最需要的时候正好出现，这份感情无疑多添了几分炽热的盲目。

他对她许诺：一定会保护她，让她过得幸福。她本该早就

第四章 零落成泥香如故

对甜言蜜语具备很强的抵抗力,但此刻却沦陷了。她与他热烈地拥抱,这是两颗凄苦飘零的灵魂的拥抱。很多年后,她静静地回想自己一生中爱过的男人,关于他的回忆,唯独剩下少女时见到的那个白衫俊秀的客人,以及这一刹那的热情如火。

他在彦丰里租下了房子安顿她,他们住在了一起。刚开始的日子总是快乐的,她去园子里入迷地听他唱戏,为他洗手做羹汤,他们手牵着手在有风的夜晚来到码头看漫天的星星。在此之前,她从没有体验过真正的恋爱;她心想,恋爱的浪漫和痴迷,也不过如此了罢。

不久,孙作舟和戏园子的负责人发生矛盾,失了工作。当时的民间伶人这一行,与烟花女子有几分相似,怕的就是迟暮。他的年纪已经过了四十岁,演小生显然不合适,演老生又进入不了角色。之前在他养病期间,都有许多园子邀约他,如今则处处碰壁。

赛金花对于孙作舟,有着举目无亲之际遇故知的感激,却也感到些许失望。不知道是当年仅有十三岁的她对他理解错了,还是因为岁月的残酷无情,他不再是她记忆中翩翩的白衫男子,风度还在,但那股飘逸之气已荡然无存。他也不如她记忆中那样内敛温暖,说话的语气粗俗浅薄,还吸大烟。虽然在与他的相处中,那层朦朦胧胧的向往正一点一滴地消逝,但就像《大明宫词》

我的真相，在春天抵达：赛金花传

中太平公主面对张易之一般，明知道他不是薛绍，但他与心中的薛绍长得一模一样，仍然可以对他倾注一些情感。

爱都是相似的，在相似的爱面前，人们有着相同的卑微。

很多时候，我们都在快乐着过去的快乐。比如，人们总为"到达"而开心，其实在到达目的地的一刻，或许已然精疲力竭，意兴阑珊；那一刻的开心，只是那个一直盼望着这"到达"的过去的自己跳出来对现在的自己说——你应该开心。生命中总有一些人，你曾经仰慕，然而一年一年地，你眼睁睁地看着他在你面前褪去光辉。

很多感情，都让我们在一个阶段目无他物地喜欢着，热烈投入地维护着，天真烂漫地信仰着。然而，等到白云如浮衣，等到风景都看透，便再没有多余的细水去拼凑长流，再也无力去奔向天长地久。某个阶段所看重的人和事，一旦时间干预，热度消失，它的"生命"可能也就终结。但同时，那既然是彼时所热爱的，一定在心里打上了鲜明的烙印，以后遇见了，还有可能重新开始。那些貌似至死不渝的情谊，有时候就是一段段热度的拼接。

在上海住了四十来天后，终于有一天，孙作舟踌躇着告诉赛金花，他手上一点钱也没有了，别说交不起下月的房租，就是这两天的饭也没有着落了。

第四章　零落成泥香如故

赛金花望向他的眼睛，说：咱们再找找看有没有合适的京戏园？或者借钱开个戏园子？我可以帮你一起做的。他说：开个戏园子谈何容易，成本高，风险大，借钱困难。

赛金花说：那么我们也可以一起在上海做点小买卖。在上海我倒是认得几个人，看看能不能相帮。只要我们有手有脚，还活着，总是能有办法的。

孙作舟说：彩云，依我看，办戏园子不如开个窑子。这个营生，无论在多么不景气的年代，都是稳赚不赔的。他讨好地笑着。他终究还是把内心的想法说出来了。赛金花何尝没有想到这一条路，她一直在极力回避，一直希望能够找到其他的生存出口。自从洪钧将她从花船上解救了出来，她就没打算此生再回那种地方。绕了一圈，怎么能够又回到原点呢？她厌恶地看了他一眼——这个男人收留她，也只是为了利用她去挣钱罢。他迎面接过她的眼神，嗫嚅地低下了头。

半夜，孙作舟气若游丝地呻吟着，浑身是汗。他的旧疾发作了，以前都是靠吸大烟缓解痛苦，现在抽不起大烟了，毒瘾和病痛交缠在一起，又还顾及一些男人的脸面，强忍着不在赛金花面前歇斯底里地发作。赛金花轻轻地叹了口气，握住了他的手，他立即死死地把她的手拽成一团。这是此刻，她能给予他的唯一的温暖。

她原本就有几分母性情怀,做了母亲之后,这份喜欢怜悯人、照顾人的特质潜滋暗长,面对眼前这个痛苦的、如此依赖她的男人,即便内心越来越没有爱,也想使他获得一点安慰和救赎。

接下来的几天,她辗转打听了过去认识的几个熟人,看看能不能借到钱做点小生意。大家都知道她净身被赶出洪家的经历,在表示了一番同情后,纷纷推说手头正紧,爱莫能助。其中一个人还有意无意地提醒她,趁着状元夫人的名头还在,不妨重操旧业,一定会兴旺发达。

她站在大街上,迈不开前行的脚步。冷风吹面,纤弱的她被吹得像一片落叶般前后摇摆。黄昏已过,不远处的舞厅歌楼华灯初上,靡靡之音萦绕在耳边。这个软玉温香、灯红酒绿的绮靡世界,在她的眼前若即若离。

任何时候,委身风尘都是一个女人最迫不得已的选择。这一次,赛金花是真的走投无路了。

第四章　零落成泥香如故

二　上海故事·书寓

做什么都需要花费本钱，唯独做这行不需要。赛金花的"书寓"很快就开张了。书寓，这个书卷气颇浓的说法，最早出现在清咸丰年间的上海，是一个叫朱素兰的说书女子创造的。她找了一些和她一样会说书弹词的烟花女子，献艺不卖身，只陪客人饮酒，喝完酒后必须与客人保持一尺以上的距离，以示洁身自好。那时候，若要兴办书寓，门槛是不低的，还得通过严格的才艺考核，类似现在的上岗资格证。后来争相效仿的人多了，书寓也就渐渐流俗了，不过比起一般冶游寻欢的场所，多少还有几分矜持。来书寓的客人里，也常常有一些读过诗书的文化人。

屋子还是她和孙作舟租住的那间屋子，只是在门前挂上了一幅黑底金字的名牌，上面写着"曹梦兰"三个字，这是她为自己起的艺名。名牌的顶端扎着朱红缎子，还系了一个彩球，这就算是开张了。因为人生地不熟，再加上她每天和孙作舟出双入对，生意冷清得很。孙作舟说自己有办法，她问有什么办法，他只是卖关子，说到时候就知道了。

一天清晨，孙作舟早早出门。赛金花夜里有些着凉，身上恹恹的，继续睡着。孙作舟带了几个以前共事过的艺人回来，他先将门口高悬的那幅"曹梦兰"的名牌揭下来，换上了"赵梦鸾"的新名牌，然后让那几个人在门外唱曲表演，招徕路人围观。

还在睡梦里的赛金花听见门外锣鼓震天，赶忙穿上衣服爬起来，在门里往外张望，听见喧嚣之中有不少人七嘴八舌地叫嚷议论着："这个赵梦鸾就是那个跟着公使大人出访欧洲的吧？""状元夫人怎么会开起了窑子？""你不知道吗，洪状元早死啦，前面站着的那个白脸的孙三爷，是她现在的情人……"

她拉开门走出去，一大群人迅速围拢过来。她望了孙作舟一眼，他便走上前，冲着她得意地一笑，低声耳语：怎么样，我说我有办法嘛，你看看，一下子来了这么多人，还愁咱们以后不宾客盈门，财源广进？

赛金花沉着脸不说话，在众人的议论纷纷中，把门前刚挂上去的印着"赵梦鸾"三个字的名牌揭下来，然后默默走进了里

第四章　零落成泥香如故

屋。既然已经自愿再入风尘,她也不会故作清高,但她不想以下堂之身,还打着死去的丈夫的名号做生意。洪家待她凉薄,洪钧对她却不薄,像他那样最顾惜颜面的士大夫,倘若泉下有知,被人指指戳戳,肯定是不高兴的。

虽然书寓挂的名字不再是"赵梦鸾",但她曾经的身份和她的传奇故事还是很快风靡上海滩,每天慕名而来的客人络绎不绝,几乎踏破门槛,只为一睹她的风姿。很快,赛金花手里就有了一笔银子。他们多租了一间房,又招了两个姑娘,书寓渐成规模。凭着似乎与生俱来的经营天赋,她很快把生意做得红红火火。

不管怎样,他们总算不用吃了上顿愁下顿了。是的,因为不必忍饥挨饿了,她甚至产生了一种满足感。在基本的温饱面前,自尊始终是一种空说无用的东西。

她常常想起德官,她知道两房太太不见得能有多善待她的女儿,但好歹看在故去的洪钧面子上,不会亏了女儿的日常生活所需。虽然她现在忍受的这些苦楚与艰辛,并不是因为女儿;但一想到心爱的女儿能锦衣玉食地成长,便觉得安慰极了。就算有再多的苦和难,若能换取女儿一生的幸福,又有何妨?于是,在她心里,自己每多受一分辛苦,就当作是为德官多积一分功德。

我的真相，在春天抵达：赛金花传

孙作舟每天在人前殷勤地赔笑，与赛金花独处时，却畏畏缩缩不敢直视她的眼睛。她也不动声色，该安排他做什么就安排他做什么。他对她的照顾倒是体贴入微，只要她轻轻咳嗽一声，马上就煲好汤药送过来。他们越来越不像是情人，更像主人和奴仆、老板与下属。那些有钱有势的客人也看不起他，或明或暗地讥讽他吃软饭。他揣着明白装糊涂，表面上对那些人嘻嘻笑笑、卑躬屈膝，等送走了人，便在背后狠狠地啐上一口。

像孙作舟这样的人，纯粹是活在别人的目光中的，成佛还是成魔，全取决于旁人如何对待他。当众人捧他、赞他、一窝蜂地扑向他，他便是玉树临风、气度不凡的温润君子；当落魄时受尽冷嘲热讽与践踏蹂躏，他便似换了一个人般，变得猥琐、窝囊、没有志气，仿佛要和这个世界比试，看看谁更荒唐，谁更无赖，谁更能不管不顾地堕落下去。如果说，之前他还极力在赛金花面前保留几分尊严；那么现在，他产生了一种近乎恶作剧的心理，希望自己在她心中的印象越破罐子破摔越好。

而赛金花对他的那份情感，也渐渐变得稀薄，有些时刻，甚至算得上冷漠。他心里揣度，她现在对自己这样，是因为他得靠她养活。其实他不懂得赛金花，对她来说，养活一个男人并没什么大不了。

赛金花原本开书寓，只是简单地求存。随着书寓的名气越

第四章　零落成泥香如故

来越响,她顺势又扩大了店面,又寻了十几个姑娘。此时早已不是温饱的问题,如同滚雪球一样,一入江湖,就身不由己,无法停步了。

那些慕名而来的人,一是因为她曾是显赫的状元夫人;二是因为她在德国时被赞誉为"东方第一美人",似乎在一睹芳颜时,他们就离所谓的尊贵和权力更近了一步。还有一些人,本身就是达官显宦,他们觉得与赛金花这样的传奇女子近距离接触的经历,实在是一笔社交场上的优异谈资。

在当时的上海,甚至一些时尚潮流,也是书寓里的女子所引领的。张爱玲的小说《沉香屑·第一炉香》里,有这么一句话:"把女学生打扮得像赛金花模样,那也是香港当局取悦于欧美游客的种种设施之一。"赛金花那时候对姿容的讲究,在上海滩是出了名的,"三绺梳头,两截穿衣"。据说她还雇了两个专门梳头的娘姨,有各种复杂精细的花样。

赛金花晚年时回忆说:"那时候出去时头戴一根大簪、三排小簪,每排都是四根,全都是翡翠的。梳着五套头,这是当时最时新的样式,颈上挂金链,手上戴着珐琅银表。冬天穿狐裘都是按着颜色深浅递换。光耳朵上的那副牛奶珠坠子就值几千两。"

据说李鸿章当年经过上海时,也曾以老朋友的身份来到赛金花的书寓。

　　李鸿章与她是安徽同乡。当年洪钧出访欧洲就有李鸿章的力荐，后来洪钧因为错印的俄制地图遭到官员们的联名弹劾时，也是他着手负责调查此事，并最终对洪钧网开了一面。洪钧与李鸿章同被列入"晚清三十人"名录，他们是"在中国历史上最具悲剧性的时代、中国人睁眼看世界的时代中，与洋人直接接触，直面这千年变局的帝国的贵胄臣僚们"（李扬帆《晚清三十年》）。

　　如今，赛金花飘零在上海，李鸿章则在上海积极推行洋务运动。过了一些年，他与赛金花再次相逢，这便是后话了。

　　从陪同出访欧洲的状元夫人，到驰名上海滩的风月场交际花，无论有多稳定的心理素质，这样的人生角色恐怕也难以转换自如。但赛金花不同，她自幼成长于花船，在三观还未形成之前，就已经熟悉了风月场的种种规则，适应了那种朝来暮往、烟花沉醉的生活方式。即便她中途改变了身份，嫁给了状元洪钧，也无法移除她在少女时代被培养成形的一些习惯。无论她如何心高气傲、冰雪聪明，似乎也注定一生都离不开这个花花世界。

　　赛金花以为，她以后的人生时光会固定在上海，一如她当年在苏州和北京生活时，也都以为自己此生再也不会离开这座城市，于是她努力地与这座城市融合。可是，上海和其他的城市一样，都不愿意承载她平静生活的梦想。短短几年，她不得不再次

第四章　零落成泥香如故

漂泊，而这一切还是与孙作舟有关。

听说赛金花被洪家人讹走了五万块钱的遭遇后，孙作舟愤愤不平，也许是想为她讨还公道，也许是觉得赛金花的钱就是自己的，所以一直惦记着这笔钱。有一天，他设了一个局，想要拿回那五万块钱。可是洪家人何等有手腕，他们得知后，运用家族的影响力，并联合了位高权重的二太太的父亲陆润庠，向官府告发。官府立即查封了赛金花的书寓，遣散了所有人，赛金花辛苦攒下的钱财全被没收。洪家不仅没损失一分钱，还轻轻松松地将赛金花和孙作舟驱逐出上海。官府对外给出的理由是：洪钧的下堂妾在上海卖身，有辱家族脸面。

赛金花对孙作舟失望极了，他不单无法依靠，而且个性滑头，败事有余。他跪在她面前哭哭啼啼地请求原谅，她知道，他是害怕她不再养活他。

她前所未有地灰心，似乎每当她的生活稍微安定一点时，总有一双命运的大手伸过来扭转并摧毁这一切。在外人看来，她所从事的是低贱的为人所不齿的行业，所以一切不过是她咎由自取。

那时的上海已入深秋。那天晚上，赛金花独自走在外白渡桥上。她平时就很喜欢这座桥，因为它在苏州河的下游，顺着这条河可以乘船直达苏州——她心心念念的精神故乡。她一刻也不停地在外白渡桥上走了整整一夜。对面礼查饭店的灯光闪烁,就算听不见也能想象得出那里面的欢声笑语,眼前的繁华更加衬托出她内心的冷清。如此这般伤春悲秋,在她身上并不常见。也许是因为她一直用力过猛地抵抗着生活的荒诞不经,一颗心早已变得粗粝不堪了。

三　天津金花班

灰心归灰心，可她是赛金花，她不可能就此自暴自弃。等到最难熬的几天过去了，她又想，天地广阔，总有一处地方可供自己待着，这一条路不通，那就换路行之，直到把路走绝。这是赛金花一贯的人生态度。

孙作舟想尽一切办法讨好她，他说，他们可以一起回到他的家乡天津，那里有他的一处房子，他多少还有姐姐叔舅等几个亲人，他们俩总能找到谋生的方式。她答应了，与他一起北上天津。

算起来，她离开北京也有五六年了，现在即将去往临近北京的天津，她的内心泛起阵阵涟漪。那座北京城，住着她的德官，遗留着她的骨血，便与她产生了血缘般的亲近感。她没办法不思念德官,不知道女儿现在是什么模样,是否还记得当年夜夜用苏州方言唱歌给她听的母亲。

她从上海被驱逐,又到天津,丝毫引不起旁人的同情。人们只觉得她活得声色犬马、丰富潇洒,无论在哪里居住,生活上总是亏待不了。事实上,如果客观地打量她的人生,你会发现,她几乎遭受了一个女人所能承受的全部苦难:还在襁褓中就随全家漂泊动荡,年幼时父母双亡家破人散,十几岁被卖到花船里,二十几岁不仅成为寡妇,还被赶出家门,与女儿生离。好不容易在一座新的城市遇到一个以为可以依靠的男人,但这个男人又是那样的不靠谱,而这座城市也容不下她,她又得踏上奔波辗转的旅程。

赛金花的一生如《红楼梦》中对晴雯的评说:"霁月难逢,彩云易散。心比天高,身为下贱。风流灵巧招人怨。"她的心气和聪慧,使得她不会泯然于众人,但她的出身和所处的时代决定了她无法与寻常女子一样生活。她未受过什么高等教育,只是在一条船上学会了吹拉弹唱等取悦他人的技艺。她受到的侮辱和阻挠是他人的百倍,同时她能获得的来自他人的帮助也微乎其微。她的人生总是如同逆旅,处处举步维艰。

在从上海去天津的船上,眼前滔滔的海水流淌,她不禁想到她的每一次大的人生转折,总与水和船相关。她的前半生,一

第四章　零落成泥香如故

直在命运的大江大河里被巨浪拍打裹挟着艰难泅渡，虽然她有足够的坚韧和勇敢，终究是被动地活着。人之所以被动，很多时候是因为种种的放不开，因为难以割舍，所以听任命运的安排；因为内心深处有着自己的原则，所以不愿意主动地挑选那条实际上对自己最有利的道路。

而在这条船上，赛金花顿悟了。既然她已经失去了她可以失去的一切——她的荣华、她的女儿、她的青春、她的爱情，既然她已经拥有了无论她怎样努力也脱离不掉的娼妓身份，那就这样吧，再没有什么可以羁绊，再没有什么可以伤心。她要主动地掌握她的未来，一切只为更好地、更好地活下去。

到达天津后，她马不停蹄地开始联系"小曲班子"。所谓小曲班子，和上海的书寓一样。她的名气足够响亮，不费多大功夫，她就成了一个班子的头牌。天上掉下棵摇钱树，班子的妈妈自然喜不自禁，将她奉若珍宝，对她百依百顺，给她的赏钱自然也比班子里其他姑娘多出好几倍。赛金花当然不会满足于这些，她已经三十多岁了，即将到了年长色衰的年纪，她需要寻找一个新的突破口。

她认识了户部尚书杨立山。

如果说之前结识官宦名流，都是因缘际会，那么在这一年，她开始比较主动地与上流社会打交道。许多人明里暗里说她攀附权贵,她不置可否。

　　杨立山是当时的少壮派官员,个性不羁,出身富宦。据说,他家中收藏了价值三百万两银子的古玩,他还拥有三百六十五串朝珠,人称"朝珠叔"。与杨立山的第一次见面,是赛金花四处托人安排好不容易见上的,可相处下来,两人性格居然十分相投——看似聪明热络,内心细腻敏锐,聊天也颇有默契。

　　一天,赛金花找杨立山请教兴建班子的事情,她说:要做就做出不一样的东西来,若是因循别人的套路,依山画山,是没多大意思的。杨立山告诉她:"寻芳步步踏青来,柳外何人筑钓台?七十二沽春水活,午景声里野桃开。"这首诗写的是天津的七十二沽,颇有江南风韵,若将小桥流水带到这四方庭院的北地……赛金花茅塞顿开。

　　她终于在江岔胡同里组建了自己的班子,从之前熟悉的几个班子中挑来了几个相貌出挑的南方姑娘。

　　在给班子取名的时候,她一度拿不准,想取一个听上去富有南方韵味的。孙作舟提议就叫彩云班,她觉得不妥,因为"彩云"这个名字曾经被洪钧嫌弃过,他当年是那样反感"彩云",所以才为她改名"梦鸾"。在上海时,即便她为生计所迫,还是毫不犹豫地摘下了"赵梦鸾"的名牌;现在,也是为了洪钧,她同样不能让"彩云"再次艳名远播于烟花柳巷。

第四章　零落成泥香如故

　　她脑海中忽然浮现一个似曾相识的苏州女子的形象，婉约娴静，看不出年纪，只用端庄地坐着，便如小曲般灵动，走路时娉娉婷婷，像春天的柳枝般轻盈优美。她想起那年在周家巷的路口向人打听过，这个邻居家的女子名字叫作金花。

　　赛金花说：那就叫"金花"吧。于是，江岔胡同里有了一个"金花班"。人们以为"金花"即美人，而这位曾经的状元夫人、声名远播的美人，自然"赛过金花"了。算起来，"赛金花"的名号真正是由此开始的。这个名字通俗浅白，也准确地概括了她的妩媚丽质。（由于主人公拥有的名字太多，为了统一，从一开始本书就用"赛金花"来指代她。）

　　那个年代，上到王公贵族，下到寻常百姓，个个都知道天津城有这么一个金花班，有这么一位传奇美人。一直以来，出名并不是赛金花的理想，生存才是。而对于当时的赛金花来说，生存已不是问题，她心中另有一个想法：真正跻身上流社会，彻底澄清自己的身份，这样就可以把女儿德官从洪家接出来，与自己一起生活。再过几年女儿就长大了，她一定要赶在女儿长大出阁之前，名正言顺地与她相认。她不求女儿以自己为荣，只求自己的身份不影响女儿的名声和生活。她可以此生不再有爱情，不再成为一个人的妻子，但无论如何都做不到永远地和自己的女儿——那月亮化身的宁馨儿天各一方。

四　八大胡同

在杨立山的帮助下，赛金花把金花班给搬到了北京。对女儿的思念使她爱屋及乌地对北京城魂牵梦萦，没想到现在她真的又要开始在北京生活。

她与孙作舟已经很久不在一起，这个人在她的生活中渐渐可有可无。偶尔，他会帮班子撑撑场、跑跑腿，她也会定期托人给他送一些钱。

孙作舟要求与她同去北京，她只说了一句：你待在家乡不好吗？他说：彩云，我当初说过要一直守在你身边保护你的，你去哪里，我也要去哪里。

赛金花知道，这句话的背后，或许是放不下她的金钱，或许也有几分真情。而在那个时候，她仍选择相信他真诚的那一

第四章　零落成泥香如故

面,同意了他的随行要求。

初到北京的那一天,她的内心惆怅得很。她所在的前门与洪府所在的史家胡同相距不远,可是近在咫尺、日思夜想的女儿,她却不能与她骨肉相见。此刻,世界上最残忍的距离不是生与死,而是一个母亲与她的女儿生活在同一个地方,她却不能见到她,也不能让她知道,她是如何地爱她。每当想到女儿时,那倾心的甜蜜与蚀骨的悲凉总是共存的。

杨立山帮她安排的住所位于大栅栏的铁树斜街,这是八大胡同的核心地带。"八大胡同"包括百顺胡同、胭脂胡同、韩家潭、陕西巷、石头胡同、王广福斜街、朱家胡同和小李纱帽胡同。有人据此编了一个顺口溜:"王皮蔡留,朱茅燕家,大小李纱。"

赛金花起初住在石头胡同,先后在高碑胡同、陕西巷挂牌营业。最有名的怡香院即在陕西巷,那幢红色的两层小楼,至今都没有太大的变化,房檐上的垂花柱,门窗上的西式花纹,都是赛金花精心设计的。

她是一个不愿意凑合的人,与自己有关的每一个地方,她都希望能够收拾得时髦漂亮。无论怎样,赛金花都是令人印象深刻的,她开设了北京城第一家南方班,从此八大胡同逐渐分成南北两派,赛金花便是这南派的旗帜。

我的真相，在春天抵达：赛金花传

那时候，老北京人经常指着八大胡同语带双关地说：去那边，就是走"斜"——"邪"道。八大胡同是晚清达官贵人经常出入的地界，它不仅是风月场所，而且是重要的社交场所。

现在，在考证出来的一所旧日妓院遗存景点的门票上，还写着"以接待王公贵族、达官显贵为对象的高档社交、休闲娱乐场所"。梁实秋的散文《北平年景》里说："打麻将应该到八大胡同去，在那里有上好的骨牌，硬木的牌桌，还有佳丽环列。"

当代作家肖复兴《八大胡同捌章》一书中说："八大胡同是青楼文化最鲜明最有力的注脚。在青楼文化中，昔日的妓女和现今不一样，那时的妓院也不仅仅是争逐性欲的风月场，而是兼有文化沙龙、商业交往，及至政治的起承转合作用的场所，风月只是它的一件鲜艳的外衣，或者只是一种功能而已。"

赛金花之于浮华若梦的八大胡同，正如柳如是之于桨声灯影的秦淮河，苏小小之于春色撩人的钱塘江，她们都以一种倔强的姿态和峭拔的情调，引领着那些地方的万种风情，她们是千娇百媚的代名词，是一曲热闹的欢歌，也是那一声悲情的呜咽。

是客人还是朋友，赛金花一贯分得清楚。她的座上宾和帘下客不乏高官显贵，她也是极尽笼络之能事取悦他们。有些京官担心出入八大胡同不方便，就邀请赛金花前往府上，她也不推辞。她与这些人处得都很好，这个"好"字其实颇耐人寻味——

第四章 零落成泥香如故

自然不是默契好友的"好",更多的是一种彼此熟悉,彼此满意,纵是逢场作戏,也不乏几分真诚。

她讨厌那种亦情人亦朋友的关系。她觉得,既然是情人,就有肉体的期许与情欲的负荷,无法与之成为肝胆相照的朋友。在她看来,成为朋友的条件是个性的吸引,她虽然不懂得先贤的交友之道,但她知道朋友之间一定遵循着某种道义,一旦成为好朋友,就不应该再涉及男女私情,比如她与杨立山。情人可及,知己难遇。

有时候,她恨不得自己不是女儿身,这样和朋友交往时便没有那么多的压力。在一段时间里,她常穿男装,头戴礼帽,脑后结辫,足登缎靴,在胡同里器宇轩昂地走过。当时人们纷纷称她为"赛二爷"。对于这个称呼,她感到挺新鲜。

五　生逢乱世

生于云谲波诡的乱世，不可避免地要经历各种动乱。而清末，又发生了许多反帝反封建运动。赛金花的一生，出生时正逢太平天国运动，不得不随家人从黟县迁到苏州；而此时，义和团运动爆发，义和团进入北京。

义和团运动是一场反帝爱国运动，这一运动粉碎了帝国主义列强瓜分中国的狂妄计划，沉重打击了清政府的反动统治，加速了它的灭亡。

有一天，赛金花忽然听说了一个消息：杨立山被朝廷关进了大牢，原因就与义和团有关。据说，慈禧太后正为此事焦头烂额，杨立山一句"主和"的进谏，正好撞到了枪口上，慈禧勃然大怒，命人把他关押了起来。

第四章　零落成泥香如故

慈禧不是因为这一句谏言就处罚杨立山，根本症结还在于他得罪了保守派宗亲——庄亲王载勋。而他们二人的矛盾，原是因风月而起。载勋看上了一个雏妓，没想到那个姑娘当时正与杨立山一起，载勋便与他争风吃醋。谁知这姑娘漂浮不定，今天投靠了载勋，明天又重回杨立山怀抱，这令两人都十分恼火。

清代佚名所著《西巡回銮始末》中对此曾有记载：情场失意的载勋恼羞成怒，拉着进京的义和团，诬陷杨立山家中有地道通往教堂。后载勋拿到了慈禧太后的懿旨："闻户部尚书杨立山藏匿洋人，行踪诡秘，着该大臣查明办理。该大臣至该尚书宅搜查，并无洋人，当将该尚书拿至坛中，焚香拜表，神即下坛，斥以勾通洋人，行踪诡密。该尚书神色仓皇，着即革职交刑部牢圈监禁，倘有疏虞，定惟该王大臣是问。"就这样，杨立山被捕入狱。

闻信第二天，赛金花一整天都为杨立山的安危而心神不宁。而她曾随洪钧出访欧洲四国的事，八大胡同也无人不知，无人不晓。她决定出去躲躲，避避风头，容不得过多的谋划和考虑，她在两天之内把手头的银两全换成便于携带的金子，听人说通州是"太平州"，于是收拾了财物和随身衣服，与孙作舟一起离开北京，前往通州。

谁曾想，通州也不是太平之地，一路上也多有暴乱骚动。

连夜赶路,她染上了风寒,孙作舟连搀带背地照顾她。路上,他们携带的干粮被人抢走,他为她四处乞讨水和食物,只要讨来一口吃的,就全让给她。他从河里舀来水,又找到一棵枣树,打下一些枣给她充饥。就这样,在孙作舟的悉心照顾下,赛金花渐渐恢复了健康。而北京城的形势似乎也平稳了不少,他们重新回到八大胡同。

张爱玲《倾城之恋》中说道:"在这不可理喻的世界里,谁知道什么是因,什么是果?谁知道呢,也许就因为要成全她,一个大都市倾覆了。"

同样,在那个不可理喻的年代,面对随时可能出现的生离死别,赛金花对孙作舟的感觉也有了变化,那些平淡流年里容易被放大的矛盾和缺陷,显得没那么不堪忍受了。

赛金花曾经迷恋高位的光芒,她出身寒微,随时都有吃不饱饭的可能。当她没有能力拯救自己的时候,她只有依靠他人来摆脱困境。所以当年她一遇洪钧,就下意识地靠近了他。

如今,她不再迷信那些光芒,一方面是因为几经辗转,历经劫波,人世的不可捉摸她早已领教;另一方面,她也开始拥有独立的经济能力,可以不必依赖任何人而生活。这使她变得空前地容忍,即便面前这个人依然不思进取,清瘦萎靡的脸上再也难觅昔日的英俊痕迹。

第四章　零落成泥香如故

六　杨立山之死

义和团运动最终失败。1900 年，八国联军侵略中国。

此时，赛金花在离开北京时换兑的黄金大幅度贬值，之前攒下的万贯家财一夜之间化成了泡影。赛金花一向对具体的金钱不在意，但现在她又不得不面对生存的问题了。她遣散了班子里的姑娘，闭门关张。有两三个姑娘无处可去，留在了她身边。她低调了不少，每天深居简出，孙作舟则守候在旁。

无论是史料的记载、后人的评说，还是赛金花本人晚年的回忆里，1900 年都是赛金花的人生永远绕不开的一年。就在这一年里，她由一个世人眼中倚门卖笑的名妓，成为一度流芳的救国女英雄。

也是这一年，杨立山被朝廷处决了。由于深居简出消息闭塞，

我的真相，在春天抵达：赛金花传

杨立山死后十天，赛金花才得知。知道死讯的那一刻，她的心如同被马蹄千百遍践踏过一般，痛得说不出一句话来。前段时间，她在兵荒马乱中自顾不暇，一直以为他还在牢狱里，坚信他迟早会被放出来，运气好的话还可以官复原职，至少也能够平安无忧地告老还乡，就像洪钧当年一样。

赛金花之所以如此心痛，更因为她听说，杨立山被处决之后，尸首抛留在菜市口的刑场上无人过问。他的家人担心惹祸上身，不敢前去认领，那些平时与他推杯换盏来往密切的朋友也纷纷退缩。直到第二天，一个曾受过他恩惠的京剧伶人，偷偷为他买了一口棺材，将他埋葬了，才算是入土为安。她想，如果那天晚上她得知了他的死讯，她也一定会去替他收尸的。倘若连这样都做不到，拿什么去与人相交？可是不管怎样，她也没能做到，那天晚上他一个人凄凉地横尸野外，倘若人有灵魂，他的灵魂也一定会谴责她的无知与无作为吧。

她又是悔恨又是伤心，日渐消瘦萎靡。她每天盯着窗台上的一副棋怔怔出神，就像灵魂出窍了般，几乎不吃不睡，也不与人交谈说话。过了半个月的时间，才如梦方醒，渐渐恢复了一些。此时的她，已经瘦得形销骨立了。

这一生，总有那么一些人，与你相逢在黑夜的海上，本来各有各的方向，可他愿意在交会时赋予你一些光亮；总有那么一

第四章　零落成泥香如故

些人，当你受尽生活的创伤，心如小小的窗扉般紧掩时，用一阵清脆的马蹄声在青石的街道向晚，给你一场美丽的相识；总有那么一些人，当你站在桥上看风景时，他就在楼上看着你，不偏不倚地正好承接你的微笑，呼应你的友谊。

杨立山死后不久，迫于洋人的压力，朝廷又为他平反昭雪，在宣武门专门建立了一座供人凭吊的立山祠堂。赛金花经常会走到立山祠的外面，徘徊片刻，然后回家。在她留于北京的岁月里，直到她去世前，她都会时不时来到这里停留一会儿，有时候拿来一壶酒，有时带来一副棋，回忆一些往事，在心里对他说几句话。

她常默默地说：我一切安好，又度过了一年。你要珍重，如果远方更好，那你就不必回来。

一曲阳关情几许，知君欲向秦川去。白马皂貂留不住。回首处，孤城不见天霖雾。斯人去了，本是阴阳两茫茫，她只当他是一个远走的故交，一年一年的想念，将这份见不着面的情谊酝酿得绵延悠长。

第五章 谁成就了谁的传奇

那天你翩翩的在空际云游，自在，轻盈，你本不想停留。在天的哪方或地的哪角，你的愉快是无拦阻的逍遥。

——徐志摩《云游》

第五章　谁成就了谁的传奇

一　一个会说德语的中国女人

也是在 1900 年，借着德国的克林德公使在北京街头被清军杀死的由头，八国联军侵占北京，慈禧带着儿孙们弃都西逃。

而赛金花，住在八大胡同一条巷子里的一间小楼中，安之若素，晨起梳妆，晚来沐浴。虽然慈禧放弃了北京，但她不能放弃她的人生。

刘半农曾说慈禧与赛金花："一个在朝，一个在野；一个卖国，一个卖身；一个可恨，一个可怜。"赛金花本人当无意与慈禧相提并论，她很可能会说——她只是在一个非常时期，遭遇了一场突如其来的重逢，然后做了一些她认为理所应当的事情。

历来关于她在八国联军侵占北京期间表现的议论，众说纷纭。

有人说，慈禧太后对权力的滥用，几乎导致国破家亡，而出身欢场的赛金花，却凭借名不正言不顺的所谓权力，挽救了时局。苏曼殊《焚剑记》记述："庚子之役，（赛金花）与联军元帅瓦德斯（西）办外交，琉璃厂之国粹，赖以保存。……能保护住这个文物地区，不使它遭受捣毁破坏，也应算她作了一桩好事。"林语堂《京华烟云》中说："北京城总算得救，免除了大规模的杀戮抢劫，秩序逐渐在恢复中，这都有赖名妓赛金花的福荫。"还有的说她救生灵于涂炭，救国家如沉沦，不得已色相牺牲，其功可歌，其德可颂（《实报》语）。

当然，也有人说，把赛金花描写得那么伟大也是过分的，她以美色周旋，为洋兵办粮草，只是瓦全的精神而已（邵力子语）。她只不过是个以肉体博取敌人的欢心而苟延性命于乱世的奴隶，不过在当时形形色色的奴隶里面，将她和那些能在庙堂上讲话的人们比较起来，她多少还保留着一点人性（夏衍语）。

这些评论，有着各自的观察视角和时代立场。我始终相信，赛金花不是一个经天纬地、可歌可泣的救国烈女，但一定是个

第五章　谁成就了谁的传奇

足够分量的"传奇"。她的传奇在于，她的故事倘若换了另外一个人来演绎，故事的情节、结局和况味将大为不同。

那时的北京城，血雨腥风。根据史料记载，从1900年8月16日开始，各国司令官特许军队公开抢劫三日，北京城陷于空前的狂乱、无序与痛苦之中。英国人也有记载："北京成了真正的坟场，到处都是死人，无人掩埋他们，任凭野狗去啃食躺着的尸体。"

按照八国联军的分配，八大胡同一带归德国联军管辖。这一天，一支德国军队闯进石头胡同，挨家挨户地掠夺财物，而令他们兴奋的是，这里不仅藏着大量金银珠宝，还藏着许多姿色出众的女子。

士兵们一脚踹开赛金花所住小楼的大门，孙作舟赶紧上前，递上事先准备好的几串银两。他们皱着眉头嫌弃钱太少，一把将他推倒在地，径直叫叫嚷嚷地走向里屋，孙作舟战战兢兢爬起来跟在他们身后。看见赛金花以及她身后的几个姑娘，他们嘀咕耳语了一番，个个脸上露出暧昧的神情。劫色，姑娘们不怕，但谁知道还会发生一些别的什么事情。

赛金花没有想到，时隔那么多年，在危急之际，她的德语居然还能讲得如此流利。她用德语和那些士兵打招呼，并告诉他们，自己曾经在柏林住过很长一段时间，对德国很熟悉。

我的真相，在春天抵达：赛金花传

　　士兵们面面相觑，纷纷打量着她，这是个穿着绣花红色小袄、梳着一丝不乱的发髻的寻常中国美人，实在看不出她会说别国的语言。

　　赛金花转过身，从箱子里取出两个相框，指给他们看———一张是她与腓特烈皇后及威廉二世的合影，一个是她与俾斯麦的合影。德国兵惊呆了，他们意识到这个住在胡同里的女人不是等闲之辈，担心惹上麻烦，立刻恭敬起来，连声赔礼道歉。临走时，他们将那几串银两还回孙作舟的手上，还承诺会派人来修葺那扇被踹坏的大门。

　　等那些德国兵一走，孙作舟坐到赛金花的身边，喜出望外地悄声说：真想不到，你手里还有这样的宝贝，瞧把那些德国鬼子给吓成什么样了！赛金花微微一笑，也露出掩饰不住的得意神色。这几天一听到风声，她就赶紧将这两个相框找了出来，知道准会派上用场。所幸，在义和团运动最猛烈的时候，她没有将它们给毁掉。孙作舟捧起那两个相框，情不自禁地编着小曲低声唱起来：这真是我们的护身符啊……

　　事情本来到此结束，然而她猜中了这开头，却猜不中结局。赛金花对德军的入室抢劫早有防备，但她完全未曾预料的是，她会在几天后，见到瓦德西——那个多年以前与她在柏林见过三次面的陆军中尉；那个初次见面时像老朋友一样同她打招呼，

第五章　谁成就了谁的传奇

最后一次见面时冲她摇晃手里红酒杯的德国男人；那个被秋喜捏造他们之间的奸情，最终由于这条导火索让她被洪家名正言顺地撵出去的人。

二 所有的相遇都是久别重逢

两个德国士兵彬彬有礼地来到赛金花的家中，请她乘坐专车到仪鸾殿做客。仪鸾殿已经被八国联军侵占，设为司令部驻地。这里曾是慈禧太后每年冬天都要居住的地方，戊戌政变之后，慈禧在仪鸾殿训政，这里也成为实际意义上的政治中心。

士兵们告诉赛金花，他们的长官听说她曾是德国的贵客，想见见她。赛金花内心里拿不准这位长官除了好奇还有没有别的用意，但她一方面知道无法拒绝，另一方面知道此行应当性命无虞，于是答应了，略微收拾一番，就跟随他们出门了。

当她走进仪鸾殿的时候，脑海中不由自主地浮现起多年前自己和洪钧一起走进德国皇宫时的场景——当时的她没有丝毫怯场，以一个骄傲的年轻中国贵妇的姿态，在众人的注目下，优雅

第五章　谁成就了谁的传奇

大方地走了进去。然而多年之后，她走进自己国家的皇宫，却不复当初的镇定自若——她低着头，迈着碎小的步子，每走一步就用余光张望一下周围的环境。

那如白驹之过隙又匆迫又锋利的岁月，不仅将她从高贵的公使夫人变为八大胡同的名妓，也让她日益重拾了拘谨与察言观色，学会了敬畏与谦卑。

她注视着那端坐的长官——那张日耳曼人的面孔依旧，只是鼻子和嘴唇旁边多了浓重的花白胡子，神情也冷峻威严了不少。她看到了他眼里的惊喜，但她怎么也无法想象：那个率领八国联军在北京城烧杀抢掠的总司令，便是这位故人。

一叶浮萍归大海，人生何处不相逢，莫道相逢犹如梦。她也曾在内心期待相见，却从未想过会真的再见，而且是在这样国破家亡的境况之下，只剩不知所措的木然了。

如同默哀般，殿堂里静默了三分钟。

瓦德西先开了口：好久不见，我记得你曾说过，等我来北京时，你会带我去参观紫禁城、长安街和长城。我也记得我曾说过，有机会到中国时，会拜访紫禁城和你。现在，我的心愿实现了。

赛金花说：只要长安街和长城不被你们烧光抢光，我就可以带你去。

我的真相，在春天抵达：赛金花传

　　瓦德西说：我都要怀疑你是否是你们的朝廷派来的说客了，老朋友。

　　赛金花也用德语回答：尴尬的是，我没办法对着我的"老朋友"说，欢迎你到中国来。

　　瓦德西问：我很想知道你怎么看待现在的我？

　　赛金花告诉他：带着军队到处杀人的魔鬼头子。

　　他的脸色有些僵硬，看得出她不是在开玩笑。他们之间的对话继续不下去了。他把她当作一个女人、一位故友，但她无法同样以待：他率领军队正在侵略她的国家，劫掠她的城市，而她已经成了一个受尽生活折磨，厌倦颠沛流离，仍要在战争的阴影下度日，忧患着家国的危难的女人。

第五章　谁成就了谁的传奇

三　再见德官

瓦德西把德官带到赛金花的面前。在他看来，德官是她的生命支柱，能够与女儿团聚应该是她最大的梦想。

没错。在被洪家驱逐出门的那个飘雪天，她想到的是找个出路令自己活下去，然后有朝一日能够与女儿再见面；在初到上海时那个最绝望的晚上，她无可奈何地决定再入风尘，支撑她继续往前走的信念就是女儿；在八大胡同生活的每一个夜晚，她都是枕着对女儿的思念入睡的。离开洪家之后的多年里，她办书寓，开金花班，努力地让活在泥淖之中的自己能更上进一些，也都是为了女儿德官。

然而，她极度希望见到女儿，又不愿意见到女儿。作为一个风尘中的母亲，她担心自己的经历会影响女儿的名誉。她一直在等,等待在女儿出嫁之前,她能够脱离妓女身份的那一天,她盼望自己像任何一个寻常女子一样,能够幸福地为女儿缝制嫁衣,体面地出席女儿的婚宴。

当十岁的德官站在面前,赛金花以为自己会号啕大哭,事实上,无言亦无声——大悲或者大喜总是没有声音的,她哭不出来。在她无数次的梦境里,都出现过这样的场景:她终于见到德官,德官一声一声地呼唤着"妈妈",她紧紧地抱住她,一刻也不从她身边离开,四周都是白茫茫的一片,她的世界里除了德官,别的东西再也看不见了。

一切似乎都如同梦境,只是德官没有那么欢欣雀跃。她长得与当年在周家巷玩耍的那个小女孩极为相似,鹅蛋脸,五官似雕刻般精致,神情也是同样的少年老成。她微蹙着眉,低着头,没有看她,许久不见,她在自己的母亲面前难免拘谨不安。

赛金花不敢问她,这几年过得好不好,因为她不忍听到二太太是如何把对她的怨恨转嫁到她的女儿身上,洪家的其他人又是如何冷漠地对待这个妾生的孩子。她只是细细地端详着德官,看到她身体健康、面色红润,穿得也还周正,内心已足够感谢上苍的眷顾,感谢洪家人的厚待了。

而德官只对她说了两句话,第一句是:她们都告诉我你死了,这些年你在哪里?第二句是:那个西洋男人是谁?这两句

第五章　谁成就了谁的传奇

简单的问话，赛金花都回答不出来。

　　德官不知道从哪里拿出一张报纸，递给赛金花。她已经认得几个字，虽然整篇文章看不明白，但结合上面刊登的她妈妈的照片，以及最近邻居们的风言风语，小小年纪的她已能猜出一些东西。赛金花接过来看，果然是一篇对她的谴责报道，作者是京城赫赫有名的新闻记者沈荩，上面写的无非国难当头赛金花与八国联军的罪魁祸首瓦德西是如何勾搭成奸云云。

　　赛金花轻轻地抚摸德官的头发，问她：你相信自己的妈妈吗？

　　德官点点头。她将她搂在怀里，告诉她：你等等妈妈，妈妈以后会把你接过来，一起生活。德官很乖地说：好，妈妈拉钩。她凑上她的脸颊，亲了一口。那冰凉的柔软的吻，与多年前是一样的。这些年来颠沛流离，时移世易，她越发觉出人世无常，女儿这个熟悉的吻，像一场春夜喜雨，淅淅沥沥地暖了她的心尖。

　　后来，她终究是没有践诺。无论是否身不由己，总有一种食言，令人痛彻心扉。那些曾经对人做出的永不能兑现的承诺，裹挟着对方全心全意的信任，成为盘旋在自己头顶的达摩克利斯之剑，永生永世也获得不了自我救赎。

四 议和

赛金花怎么也没想到,素来对政治没什么兴趣,对社会和民生也没多少热心肠的自己,会扮演一个说客的角色。

每天耳闻目睹这座城市的血雨腥风,却又能近距离地接触这一切的始作俑者,她希望能做点什么。都说时势造英雄,在那样朝不保夕的动荡年月,人心灵深处的正义感总能或多或少地被唤醒并激发出来。

那天的见面令赛金花明白,她与瓦德西不可能恢复从前的关系,他们之间不存在平等沟通的前提,真实境况就是一个侵略者与被侵略者。反正,她已经在他面前流露出这层恨意,也不必再顾忌什么了。

瓦德西要教赛金花骑马,赛金花把他带到一条杀戮最厉害

第五章 谁成就了谁的传奇

的街道旁,远远地指给他看那一残酷的场面:两个联军士兵拿着刺刀戳中一个中国男人的胸口,他的身边躺着两具血肉模糊的尸体,旁边还站着一个惊恐万分的小孩。

她问:你告诉我,为什么要在北京做这样的事情?他说:战争总是要付出代价的。她说:现在京城里剩下的都是安分守己的百姓,他们每天提心吊胆,一天消停的日子都没法过。你看看那个小孩,他只和德官差不多大,他总不可能是什么土匪吧,可是他已经受到巨大的伤害了!

瓦德西默不作声。她继续说:政治我不懂,但我知道军队贵有纪律,我在德国时也看到了,你们德国人把名誉看得比生命还重要,你们自诩有风度、有礼貌,怎么会容忍在北京发生的这些野蛮疯狂的屠杀无辜民众的行为?!她说这些,是想着他多少能听得进去一些。

不知道是不是她的劝说起了作用,总之,后来瓦德西的确加强了对军队的整顿。在那段时间里,八国联军暂时停止了大肆的滥杀无辜,"使不可终日之居民顿解倒悬,至今犹有称道之者"(汪嚵翁《赛金花事略》)。

清末张春帆在小说《九尾龟》中这样揣度赛金花的心理:"我虽然是个妓女,却究竟是中国人,遇着可以帮助中国的地方,自然要出力相助。"这样振振有词的爱国情怀,用来形容她,多少没那么恰如其分。她的爱国热情是有的，对瓦德西的劝说也真实存在，但她始终缺乏宏大的视野，也从未奢望以一己之力救亡图存。如果非要说她在这件事上有苦心孤诣的成分，那就是她的确利用了瓦德西对她的某种感情，她更多的是站在一个经受过苦难且不忍看见和自己女儿一样大的孩子受苦的母亲的角度，她预计到这样表达的一席话或许能够奏效。

她虽然没想过自己能救国救民，但不等于其他人不会对她寄予厚望。

慈禧一逃了之，她任命李鸿章为议和全权大臣，把整个烂摊子交给了他。克林德公使被杀，克林德夫人悲愤交加，满脑子想的是报仇雪恨，因此和李鸿章谈判时提出一堆苛刻的条件，其中最重要的一条就是让慈禧抵命。

对于腐朽的清政府来说，赔偿银两、开放港口乃至割地都可以答应，但是慈禧的性命须得保住。面对德方的步步紧逼，又眼睁睁地见大好河山满目疮痍，李鸿章在一筹莫展之际，听到了赛金花劝服瓦德西的消息。他灵机一动，决定派儿子李经才上门去见她。

李鸿章与赛金花原也相识，赛金花对他一直颇为敬重。李鸿章对她的托付，也是入情入理，既没有要求她做能力之外的事情，也无勉强她的态度，这让赛金花一时竟找不到合适的理由拒

第五章　谁成就了谁的传奇

绝。李经才言辞恳切地说：眼下父亲正需要一个既懂德语，又与洋军有些交情，还能够获得信赖的人，帮他与克林德夫人进行谈判并促成合约签订一事，她是不二人选。成与不成都与她无关，但无论结果如何，都希望她能够一试，毕竟这也关乎一座城市子民的安危。

赛金花从未觉得自己如此重要过。如果说，她一直有着某种程度的虚荣心，比如一套诰命夫人的服饰，曾令她感到炫目，比如五光十色的舞会派，曾让她一度迷恋，那么，李鸿章此时的请求正好成全了她的虚荣心。

乱世之中，人们的虚荣心也容易被放大。有男人渴望登高一呼，应者云起，救民于水火，被后世传颂，也有女人幻想自己能成为像花木兰、秦良玉般的女中豪杰。而对于赛金花这样一个出身于社会底层，虽然一生也被人簇拥追捧，却始终摆脱不了娼妓身份的女人来说，她的虚荣心，更多的在于能够被平等看待，甚至被仰视。

她仍然犹豫，她劝瓦德西不要滥杀无辜，是应尽的一分力；但要她利用瓦德西的感情，去完成别人赋予她的一项重要使命，她不免感到为难。

李经才最后说：父亲让我告诉你，你是他所佩服的一位女子，无论你的决定是什么，他都理解和尊重。——她何德何能，能为李鸿章所佩服？不管李鸿章是否真的说过，总之这句话奏效了，赛金花答应了李经才。

晚上，她邀约了瓦德西。世人认为，一个在烟花场中摸爬滚打了多年的妓女，与侵略军统领发生关系，没什么稀奇。但对赛金花而言，她其实厌恶任何形式、任何意义上的"交换"和"要挟"，无论是情感绑架，还是肉体勒索，都让她自己因为无法获得任何作为人的尊严而堕入尘埃。

她以一种悲凉又悲壮的心态，在仪鸾殿里度过了一夜。天快亮时，她站在窗边，望着窗外朦胧的晨曦，心里晓得：瓦德西不过把她看作一个说客，或许念着几分旧情，对她的"美人计"欣然接受罢了。

瓦德西告诉她，宫里的东西随便挑，看中了什么就拿走，俨然主人一般。一个侵略者如此理直气壮地鸠占鹊巢，赛金花不喜欢，她没有拿走任何一件东西，回到了八大胡同。士兵送她回去的时候，街头巷尾的人都出来围观。

在瓦德西的安排下，她见到了克林德夫人，一个看起来刚毅冷峻的女人。赛金花在德国时见过不少这样的贵妇，表面冷若冰霜不可接近，其实骨子里也不过一个悲伤脆弱的女人。她表示想与克林德夫人单独聊几句。

赛金花用一口流利的德语，娓娓地向她介绍自己：她十几

第五章　谁成就了谁的传奇

岁时嫁给了状元洪钧，新婚后曾与丈夫一起出访德国，在柏林度过了人生中最甜蜜的几年时光。回国后丈夫因为犯下一个错误卷入当时的中俄边境纷争而丢掉官职，不久就去世了。自己年纪轻轻就做了寡妇，多年来一直在外辗转漂泊，受了许多孤独和辛苦。

克林德夫人的表情缓和不少，她在理智上知道她是李鸿章派来的说客，但从情感上认为这个会讲德语的年轻女子，和自己一样都失去了丈夫，不知不觉与她建立了一种同情和共鸣。曾朴在《孽海花》中评论道，赛金花是倚靠"灵心四照，妙舌如莲"，才得以"周旋得春风满座"。她的确口才卓越，而主要凭借的还是作为女人的同理心。

据史料记载，在这次见面之后，克林德夫人放弃了原先的条件，转而要求清政府为克林德立纪念碑以表道歉，这也是《辛丑条约》的第一条。

一战结束时，狂欢的人们把克林德的纪念碑推倒，将它由东单牌楼迁到了中山公园，建起了一座"公理战胜"牌坊。

《辛丑条约》签订后，八国联军撤出北京，慈禧太后这才仓皇地回到紫禁城。一切看似又回归风平浪静。

五　人生唯有离别多

瓦德西回到德国后,给赛金花写过一封信。她虽然德语流利,却不会书写,找了大学里一个懂德语的学生帮她回信。后来,瓦德西又寄过两封信,她都没有回复。再后来,就没有后来了。

几年之后,瓦德西去世。也在那时候,曾朴以赛金花为原型的小说《孽海花》问世。

有人说,在瓦德西的回忆录中,只字未见关于赛金花的任何记述,由此可见两人之间的故事多半是臆测。而曾朴与赛金花未谋过几面,对她本人也无多少了解,却以她为原型写了一本小说。这其实都颇耐人寻味。

第六章 人生几度秋凉

长夜微雨,黄卷青灯
在佛前许下一个 洁白的愿
可是若用回眸 换来今生一次错过
五百次太多 倘用叹息
忘掉前世全部荣光 一辈子足够
我害怕那些 妖娆的伤口
不再铭记 曾那么骄傲地扑向烈火
还有啊 不该让我长一双
这么柔软的翅膀
载不起我 一言难尽的爱和痛楚
佛含笑不语 我从此平凡

——别业青《许愿》

第六章 人生几度秋凉

一 无愧苍生

赛金花所做的事情，无论她是否有爱国志士的抱负，客观从她的行为而言，的确称得上如此。

她一不留神成了载入史册的传奇，同样，也猝不及防地锒铛入狱沦为阶下囚。

克林德的纪念碑揭牌时，赛金花应邀参加。那天，辜鸿铭也到了现场。辜鸿铭同她握手，说：你做过的这些义举，于社会有功，上苍总会有眼的。赛金花回答：但愿如此。

作为一个女人，不曾拥有一个正常的婚姻、一个完整的家庭，她对自己始终抱憾。但作为一个普通公民，她自认仰不愧于天，俯不怍于人，不偷不抢不坑不蒙，即使沦为娼妓。

慈禧逃过一劫，重回京城，封功论赏。热闹是他们的，赛金花什么也没有。她重振金花班——总是要生活。

人们都说，在当时的京城里，有两个女人同样受人瞩目，一个是慈禧，另一个就是赛金花。她们都在二十多岁的时候守寡，一个独揽朝政大权，一个在风尘里翻滚，一个有着尊贵的姓氏，一个几度更名，到后来几乎忘记了自己真实的姓。而她们的命运神奇地在1900年这一年交逢。

八国联军侵华之时，不少人聚焦于她与瓦德西的关系，也有人期待及怂恿这个女人用自己的美色换一城的太平。等到一切尘埃落定，这些人又开始引以为辱。

朝廷并未承认过一句她的功绩，"护国娘娘"的称号在京城的街头巷尾却是呼声震天，每天她住的胡同里都是车水马龙，

一个八大胡同的卑微妓女救国的事迹，从大街小巷传到幽深的紫禁城，慈禧不高兴了，这让万千尊荣的她情何以堪？这让仓皇而逃尊严损失殆尽的皇室情何以堪？

过了两年，赛金花因为一桩突如其来的变故惹上了官司。她的罪名是"虐妓"，起因是赛金花班子里的一个年轻妓女吞鸦片自杀，被人揭发是因赛金花虐待而死。

说到这件事情，赛金花也并非全无责任。张春帆《九尾龟》

第六章　人生几度秋凉

里说，赛金花得罪了一个卑鄙的市侩小人，于是他借虐妓一事大做文章进行报复，将赛金花驱逐到了南方。吴趼人在《赛金花传》中则推测："辛丑和议定，以招摇故，被坊官递解返苏州。"这倒是不乏道理，一时无两的风头总会招来不少嫉恨。而对她一向没有一句好评的曾朴在《孽海花》里更直接地说她是"买良为贱鸨妇虐孤雏"，极尽践踏侮辱。

在众多版本的故事中，我选择相信这一个，因为它最符合我所理解的赛金花的个性，以及她当时所处的境遇——

一天，金花班里新来了一个姑娘凤铃，眉清目秀，却是个神情忧郁的恹恹的病美人。不知道为什么，赛金花原本不想接收她，打算给她一点钱，就打发她离开。但班子里的其他人力劝赛金花将她留下，凤铃也哀求她，说自己只是瘦弱，身体健康没什么病患，不会给大家添麻烦的。赛金花于是答应了。

过了一些日子，赛金花偶然地认出了凤铃。当年她的故友杨立山因为一名雏妓脚踏两只船，与庄亲王载勋交恶，最后引来杀身之祸。那个雏妓就是凤铃。

赛金花心里自然对凤铃有情绪，严厉教训了她几句，告诉她虽然身为妓女，但也要有做人的道义，倘若不是她当年朝三暮四，杨立山也不会与载勋结下仇恨。想到杨立山的身后凄凉，赛金花决定不再收留她,让她好自为之。

没想到凤铃闻言,加上长期以来的忧郁使然,一时想不开,当晚就吞服鸦片自尽了。

第六章　人生几度秋凉

二　深牢大狱

凤铃去世后的第二天,官府就派人前来缉拿赛金花,说有人举告她虐妓致死。不等她分辩,凶神恶煞的衙役手中那冰冷的铁链子就已经套在了她的脖子上。胡同里熙熙攘攘一片,孙作舟慌慌张张地从外面跑过来,急得像热锅上的蚂蚁,却无计可施。被一群官役扭送着出门的赛金花回头看了他一眼,他知道她是让他去找人施救,点点头。等她前脚一被带走,他后脚就出门找那些平时与赛金花交好的达官贵人帮忙。

赛金花生性豁达乐观,凡事都往最好的情况上去想。一路上虽然戴着沉重的镣铐,内心却还沉着冷静,不慌不忙。她想,不过是误会一场,等到审讯过堂,事情总会真相大白水落石出,不过多费些周折而已。再不济,孙作舟那边也能找到一些朋友打点一下，多花费点银钱，总是能够解决的。

　　就这样过了一夜，第二天清晨，赛金花换上了囚衣。没有人对她进行任何的审讯，她就被带到了刑部大牢。无人理睬她的辩解和质疑，自始至终只有几个沉默的杀气腾腾的衙役押送着她。赛金花这才忽然有些心惊，感觉到这是一次来者不善的蓄意之为，似乎有人借着凤铃之死企图大做文章。可是眼下叫天天不应，只有既来之则安之，先静观其变，然后等着孙作舟那边的进展了。

　　可是，既来之却无法真正安之。她虽然也见过不少世面和大场面，但进了大牢还是感到一种毛骨悚然的阴森，几声凄厉的惨叫在大牢的高高的屋顶上方回荡，一排刑具码得整整齐齐地挂在外墙上，滴淌着鲜血和令人彻骨的寒意。

　　这种情景，让她想起小时候奶奶描述的阴曹地府。她不是一个脆弱的女人，她经历过亲人和丈夫的去世，以及血雨腥风的战乱，但眼下这诡异阴冷的氛围依然可怖。而且，以往身边都有他人陪同，但此时的她，除了胆怯，就是无助。她感到自己仿佛正一步一步地走在通往鬼门关的路上。

　　短短几步路，赛金花的双脚如同灌满了铅似的，每走一步就忍不住打几个寒战。衙役把她带进一间单人牢房，说：你就老老实实在这里面待着吧！她看了一眼那斑驳的土灰色的墙壁，

第六章 人生几度秋凉

上面分明有着星星点点的黑红色血迹；再往角落里一望，她忍不住叫出声来——那里竟然有一摊血肉残骸，鲜红的，大概不超过半天，可以想见刚刚有个人在这里遭受过巨大的痛苦。

衙役告诉她，上午才在这里杖毙过一个叫沈荩的新闻记者，还来不及清理，要她将就着，反正关进牢房里的人别指望可以享福。

沈荩，就是她与德官见面时，在德官带来的报纸上，那篇写她了与瓦德西故事的作者。那篇报道曾经给她带去困扰，当时她看到这个名字，便有几分厌恶，还将报纸扔到了地上。如今人死了，她反倒为当初的情绪感到几分抱歉。

虽然完全抑制不住内心的莫大恐惧，等衙役离开后，她还是用戴着镣铐的双手朝着那摊血肉拜了拜，低声说：愿君往生极乐。

沈荩是因将打探到的《中俄密约》内容提前发布在报纸上而招来杀身之祸的。当时的《大公报》报道了沈荩死前的惨烈一幕：上十个狱卒手持大木板，重重地捶打一介书生沈荩的文弱身躯，时间长达四个小时。沈荩血肉骨裂，骨已如粉，却始终未出一声。狱卒们以为他已经死了，便停止了杖击，可他却以微弱的声音要求道：速用绳绞我。于是，狱卒用绳索绕住他的脖子，将他勒死。其情其景，惨绝人寰。

这个死时铮铮铁骨的汉子,应该想不到,在他死后第一个祭拜他的人,竟然是他当年写文章嘲弄的那个名妓赛金花。

　　沈荩之死对赛金花的触动太大了。如果说,刚被缉拿时她还有几分临危不惧的派头,此刻对于深牢大狱的残酷有了充分的了解,她的心理防线也趋于崩溃。她越发觉出自己此次入狱的凶险,不得不把心提到嗓子眼,担忧接下来到底会发生什么。

　　这是她有生之年与死亡最接近的一次,甚至在她一呼一吸之间触及的,也无不是死亡的恐怖和绝望。在过去,无论处于怎样心灰意冷的境遇之中,赛金花都是怕死的,她从未想过主动接近死亡。经过这种炼狱般的考验之后,她比以往更加害怕死亡了。我同意有种说法,但凡怕死的人都是热爱活着的。

　　那个晚上,她蜷缩在监牢的另外一个角落,只得靠着想一些以前的事,以分散注意力。对面牢房里的死囚第二天即将行刑,他的家人送来了饭菜,香味飘散过来,她忽然想起了自己的父亲和母亲,那对住在苏州周家巷,寡言罕语而面有愁容的中年平凡夫妻。她平时很少想念他们,以为自己对他们的感情已经很淡了,没想到此时念及,还是感到一种贴心贴肺的温暖。她妈妈曾叹息着说过一句话:一个女人倘若生得貌美如花,就注定会因此付出代价。还真被妈妈说中了!她这看似跌宕起伏、精彩绝伦,实则历经艰辛、坎坷无数的异于常人的人生,多少

第六章　人生几度秋凉

与美貌有关。

　　这边厢，她在大牢里的度日如年；那边厢，孙作舟托人求情也不容乐观，好几个官居高位的朝廷官员对此都噤若寒蝉。看起来，事情的复杂程度远超过他们的能力范围。任凭孙作舟如何千万百计地试探打听，他们都近乎滴水不漏地守护着某个秘密。孙作舟到刑部大牢去探望赛金花，也被门口的守卫撵了出去。几次三番之后，他也忽然意识到：赛金花是否很难再回来了？

三　曲终人散

　　起初，赛金花还寄希望于她的那些官员朋友，相信他们能帮她澄清罪名，助她出狱。可一天一天过去了，她还是未能盼来孙作舟那边的消息，她开始惶惶不安起来。有一天，她依稀听见两个狱卒议论，她的案件是慈禧太后亲自过问的。她的心凛然一惊，之前隐隐约约的猜测，或许就是现实，原来真有人借着凤铃之死，想置她于死地。她本是平头百姓，能让太后挂心的由头只有一个：她参与议和的事情，触怒了慈禧太后。

　　如果她得罪的是其他人，倒还有办法斡旋疏通；但倘若是太后，那一定是求告无门、必死无疑了。她一下子堕入深重的绝望之中。她素来对政治没什么兴趣，却不经意间与政治产生了千丝万缕的联系，又不经意间冒犯了当下最有权势的人，如同飞蛾

第六章 人生几度秋凉

扑火,自取其亡。

面对这样的人生困境,历来有两种应对:一种是舍身求仁,留给人间一个漂亮的背影和一声干净的回响;另一种便是想方设法地保全自己。

赛金花从来不是遗世独立的出尘女子,没有谁比她更眷恋尘世与生活。这么漫长的人生岁月里,她一直在努力地活着,以及更好地活着。她热烈地享受着这爱恨交加的人间烟火,她用尽了她全部的气力抵抗着死亡,抵抗着那个冰冷的世界。父母去世,她被亲戚卖到富记花船时,她没有死;洪钧去世,她被洪家人骗走钱财,又被诬清白逐出家门时,也没有死;在上海的那个走投无路的晚上,她没有死;在兵荒马乱的逃难途中,她也没有死。那么多个绝望的日子,她都凭着一己柔弱却坚韧的力量,举重若轻地走过来了。

她可以舍弃其他的一切,唯独不能割舍自己的生命。这人世间除了令她着迷的花团锦簇的热闹气息,还有她的花朵般可人的女儿德官,她还没有与她真正地团聚,她的德官还在等着妈妈。她无论如何也不能对女儿食言,就算是死路一条,她也有义务去幻想奇迹的发生。

被关在狱中的人分不清白天和黑夜,自然也无从感知她究

我的真相，在春天抵达：赛金花传

竟在里面度过了多少日子。每一天，赛金花都是靠着一点回忆、一点幻想和一点希望坚持下去的。以至于当有一天，狱司向她宣读她将被解返苏州原籍的消息时，她几乎分不清这是梦境还是现实。

虽然还是要继续待在监狱里，但从京城返回苏州，就意味着生机，至少她不会不明不白地死在狱中了，无论怎样，这都是个天大的好消息。等她意识到这不是梦时，她急不可耐地站起来，掸了掸囚衣上的灰尘，用手理了理头发。重萌对外在形象的注意，也说明她的心再次生出了羽翼，飞向那个记忆中春光明媚的苏州。

苏州的监牢依然是铜墙铁壁的冰冷坚硬，但耳闻狱卒的吴侬之音，吃着白粥配苏州雪里蕻，熟悉的事物多多少少能给人一些安全感。当年远赴京城做状元夫人之前，她也曾衣锦还乡；如今时移世易，她是被拘在此处的千夫所指的阶下囚。若是换了其他人，大概难以承受这份天上地下的落差。好在她的人生总是如同惊涛骇浪中的一叶小舟般，大起大落惯了，只是在心底里偷偷冷笑了两声，随后处变不惊地继续待在这里，从漆黑的夜晚守候到下一个漆黑的白天。

一个月后，她终于被释放了，据说是朝中的一位大人替她

第六章 人生几度秋凉

求了情。考虑到她已经在牢狱中面壁思过了好几个月，再念在她的确对朝廷有几分功劳，此事就算不了了之。没人告诉她究竟是哪位大人救了她，她脑中浮现出一个名字：李鸿章。也许是他——是他当然最好，这会令她感到世情并不如她想象的那么凉薄，有了慰藉，便有了谅宥那些伤害的勇气。

最大的欣喜若狂莫过于死里逃生。历经惊心动魄的日日夜夜，当她疾速走出狱门的那一刻，真有一种涅槃重生的心情。她贪婪地呼吸着江南湿润的空气，从未感觉像现在一样脚踏实地过。好一会儿过去了，她才意识到她是赤条条地出了狱，没有包裹，没有钱，穿的还是那件初入牢狱时换的囚服，早已变得灰尘扑扑。在阳光下，她才照见自己的落魄——这应该是她有生以来最窘迫的一刻。她的人生总是充满了戏剧感，上一刻她还沉浸在被释出狱的狂喜中，下一刻又是另外一番情绪。

"一望乡关烟水隔。转觉归心生羽翼。愁云恨雨两牵萦，新春残腊相催逼。岁华都瞬息。浪萍风梗诚何益。玉楼深处，有个人相忆。"——倘若此时有谁出现在我的面前，是奔我而来，那么我在以后的日子里，一定要报答他。当年她初到上海时，脑中刚冒出这个念头，就遇见了孙作舟，也不知是劫还是缘，不过她也的确为了他赴汤蹈火过。这一次，当她依旧这么想时，忽然又听到有人在轻声唤着"彩云"。循声望去，她面前出现了一个面色苍白的清瘦女子,那是富记花船上的姐妹——金云仙。

　　金云仙几年前离开富记之后,嫁给了当地一个乡绅为妾。看她的脸色和打扮,就知道她过得不太如意。她听说赛金花被解返苏州的消息后,这几天每天都在这个地方等候,手臂上挎着一个竹篮,里面盛放着为她准备的一身换洗衣裳和一些点心。在这人间芳菲五月天,她遇到了这样一段贫贱不渝的真挚友情,赛金花感到自己是何其幸哉!一个命途多舛的女人,始终能保持内心的温度和柔性,除了与生俱来的禀赋,就是因为她受过这样情的滋养与爱的津润。

　　她与金云仙两人相顾无言,一别多年,岁月在两人身上烙下了显而易见的印痕。人世再怎么沧桑,两人重逢时还能认出对方,并亲热地呼唤出对方的名字,这就够了。

　　作别金云仙,她日夜兼程地赶到北京。既然性命无忧,她便开始操心眼前的一些具体事务了。她当时那么仓促地被抓进大牢,还来不及安排班子里的事宜,这么长时间以来,那边也一直杳无音讯——她那渡尽劫波好不容易存留下来的金花班,不知现在怎样了?甚至,经此一劫,她越发思念孙作舟,不论他们之间的感情何如,他毕竟陪伴了自己这么多年,两人的生活早已紧密地纠缠在一起。

第六章　人生几度秋凉

然而，当她回到八大胡同时，等待她的又是另一番炼狱般的刻骨铭心。

金花书寓一副人去楼空的惨淡景象。门口黑底金字的招牌被扔弃在角落，彩球丝带四处飘散，门里空空如也，只剩几张桌椅板凳，几个废弃的胭脂盒横七竖八地躺在地上。她起初以为是遭劫，一边唤着孙作舟的名字，一边走进里屋的卧室。那口木箱静静地横躺在那儿，打开一看，除了几件丝绸衣服和一些相框，所有的首饰和钱都没有了。只有她和孙作舟有这木箱的钥匙。

几个邻里街坊走进来，怜悯地看着她，告诉她：孙三爷大半个月前遣散了金花班的姑娘，变卖了这里值钱的东西，听说还带走了班子里最漂亮的姑娘彩娟。他们说：赛二爷您刚被捕的那会儿，孙三爷还忙前忙后地帮您打点着。后来他一定以为您回不来了，唉！

这一声"唉"，也长长久久地叹在了赛金花的心上，她还是不敢相信。

在人财两空这件事上，更惨的永远是人的离去。孙作舟的人品虽然素未曾得到她的尊重，可这十多年来，他陪着她出生入死，颠沛流离，早已成为她生活中不可缺少的人。她曾经几度要与他断绝关系，但是命运的阴差阳错也好，是患难时相依相偎的情分也好，最后两人还是生活在一起。他始终不像是个丈夫，但够得上"伴侣"两个字。她所经历的每一件大事,即便他给不了多少帮助,至少全程目睹,全程参与。十一年的情分,就这样说离散便离散了。

《小王子》里说:"一朵玫瑰之所以不是其他的玫瑰,是因为你在它身上所花的时间。"她与孙作舟,彼此都应该是对方的一朵独一无二的玫瑰,因为两个人曾经那样长时间地互相嵌进对方的岁月之中。

她与他初相识的每一个画面,在她脑中闪现:她第一次在富记被叫条子,他穿着白衫,温柔地笑着,为她斟满了一杯龙井茶;在举目无亲的上海码头相遇,他俩热烈地拥抱;在一个个饥寒交迫的夜晚,两个人来到码头牵着手吹着风;在他毒瘾发作的那晚,他死死地攥住她的手,她的手指和胳膊布满了一道道伤痕,但那些伤痕于当时的他们却是一种相依为命的慰藉……

等闲变却故人心,却道故人心易变。

这是她有生以来第二次对于人性感到深深的失望。第一次是她全心全意善待的丫头秋喜,决绝地背叛了她,还捏造事实帮助洪府的人将她逐出家门。其实,自从踏入风尘以来,她遇到的不义不仁的事情,何止这两件?远的不提,单说她此次因莫须有之罪被拘捕入狱,就足够扼腕长叹。但是那两次,是她信赖的、亲近的人,他们身上都保留着她的体温,在她完全不防备之时,

第六章　人生几度秋凉

落井下石，雪中送冰，给予她沉重的打击。

如亦舒所说："因为爱这个世界，对其寄予了太多的向往，当世界背叛时，就分外地恨起它来。因为对世界有太多的希望，当世界离弃时，就分外的失望乃至绝望起来。"孙作舟纵使再不成器，缺乏能令她倾慕的个人魅力，她都愿意将他视为可供停泊的此岸。这世上除了德官，他是唯一一个她可以掏心掏肺的人，不必设防，无须粉饰，也不用曲意逢迎。

于爱本身，当那个人与初见时的形象越来越远，当你逐渐发现他给不了你想要的能量，爱就会露出平庸而可憎的面目。但世间还有一种情感，无所谓爱或不爱，彼此了如明镜，却仍然心照不宣地有一份不离不弃、互相取暖的约定。无论有多少的情和爱被辜负，他都是那个在飘雨的春夜，站在小巷的拐角处，为你撑一把油纸伞的人；你们的感情没有任何可圈可点的浪漫，更与海枯石烂的盟誓无缘，有的只是浮华沧桑里的依偎流年。

谁知大难来时，对方遽然而去，这些赖以生存的相信，竟成了一厢情愿的想象。一切就是这么残酷，你奈他何？你奈人生何？

赛金花躺在一片狼藉的金花书寓里，睁着双眼度过了一晚，天亮时，眼角才渗出几颗泪珠。她忽然就老了，眼睛里存留的少女般清澈调皮的神采一夜之间消失殆尽，眼前只有一片山高路迢，烟水茫茫。

她在报纸上刊登了一则正式与孙作舟解除关系的声明,上面写着几个字:一别两宽,各自欢喜。

是的,仍然是欢喜。谢谢你,赐我一场空欢喜。

第六章　人生几度秋凉

四　第二任丈夫

1908年深秋,光绪和慈禧相继去世,风雨飘摇、老朽颠顶的清朝也将走到尽头。清政府却大办国丧,要求全国上下戴孝,禁止披红着绿。

赛金花却身穿一套桃红衣裳,一身春色地走在胡同深处。

窗外风云交替,窗内的日子兀自安静地如水般流过。人前强颜欢笑,人后寂寥冷落,卖笑生涯她是彻彻底底地厌恶了。时过多年,当时的北京城仍然沸沸扬扬地流传着一代名妓赛金花出狱后被情人卷走钱财抛弃的消息,她几乎成为落魄可怜女人的代名词。

笑,全世界便与你同声笑;哭,你便独自哭。她只想从速离开,远离这些纷纷扰扰,隔离各种蜚短流长。她倒没想过永久地远走

我的真相,在春天抵达:赛金花传

他乡,毕竟德官还在,眼下,她只想找个暂避之地。正好杨立山的母亲想回上海探亲,借陪同护送之机,赛金花也来到了上海。那段日子,是她少有的忧郁时光,对什么都提不起兴致,每天傍晚后便独自出去走走。

如果一个人一生注定漂泊,那他免不了要与交通工具打交道。赛金花与她的第二任丈夫曹瑞忠,就是在铁路边认识的。那时候的她经常在附近漫步,一个艳若桃李而神色忧戚的少妇独自一人行走在荒无人烟的僻静之地,自然容易引起他人的邪念。几个土匪一直尾随着她,被铁路工人王衡发现,路见不平救了她,并将此情况报告给他的上级。

从1905年起,一条为了适应江南繁盛商旅的铁路——沪宁铁路开工,曹瑞忠是这条铁路的总稽查。当他见到休息室里的赛金花时,便对她一见倾心。

一见倾心,也可以理解为,一见而误终生。

曹瑞忠比赛金花还要小几岁,家里已有一妻一儿一女。他多年来一直在铁路工作,凭着勤奋做到了总稽查,掌管四十多个大大小小的车站。

赛金花本以为像他这样厚道本分的男人,会排斥她的身份。没想到在与她的交谈中,曹瑞忠得知她就是说服八国联军、救国

第六章 人生几度秋凉

救民、名震京城的赛二爷，对她钦佩不已。看着眼前的人比自己想象中的侠义赛二爷还要楚楚动人得多，他心里又多添了几分好感。问她为何一个人走在这么荒凉的路上，赛金花凄然一笑：我早就无家可归。

一个美丽而忧伤的女人，其魅力是致命的。赛金花的语气和神情，令曹瑞忠心酸又疼惜。天色已晚，他托王衡安排她在附近住宿。第二天一大早，曹瑞忠就来找她，向她求婚。他说，自己家里已有了一位妻子，所以只能娶她为妾，虽然名分给不了她最好，但是一定会尽他所能地对她好、保护她。如果她答应，希望这几天就成亲，这样就可以名正言顺地照顾她的生活。

同样的一番话，从不同的人嘴里说出来，感染力是完全不一样的。如果是孙作舟那样漂亮多情的小白脸，说出来动人归动人，也不过一番美丽的情话而已；但是这番话由眼前这个一脸坦诚、相貌朴素的微胖男人口中说出，可信度大大增强。他说的"保护"和"照顾"，这两个如他的外表一样质朴的词，瞬间打动了赛金花。她觉得，如今的自己飘飘何所似，天地一沙鸥，亟须获得一份牢固的安全感。

或许从当时赛金花的立场来看，从来没有一个男人像曹瑞忠一样求婚求得如此痛快。你若有情有义，我必生死相依。所以，她很快答应了。她已经很久不曾拥有婚姻，内心深处也是渴望的。

至少在那个阶段，她不仅从未放弃对婚姻的期待，而且比以往任何时候都更需要一场婚姻来救赎自己无处安放的脆弱灵魂。

她和他说，做妻还是做妾无所谓，只是以前在洪府时没少受比自己位高的二太太排挤，担心同处一室会处理不好妻妾关系，最好能够单独住。她以为她提出的这个要求未免苛刻，谁知他一口答应，为她单独找了一处洁净宽敞的房子，还雇了一个用人打点她的起居。

她没有亲人，也不想张扬。所谓的成亲，只是他把她接到这间房子里，亲手写了一封婚书给她，婚书上写道："良缘永结匹配同称，看此日桃花灼灼宜室宜家，卜他年瓜瓞绵绵尔昌尔炽，谨以白头之约书向鸿笺，好将红叶之盟，载明鸳谱此证。"

他们穿上喜衣，点上一对红烛，两人喝了交杯酒，也算拜过天地了。婚后，他每个礼拜都有三四天的时间与她相守在一起。

曹瑞忠有着满腔的真挚情感和热忱心怀，赛金花越来越觉得，他是自己人生阅历中一个特殊的男人。而且，他是在她对无所依傍的欢场生活萌生倦意，对浮萍朝露般的情爱交往极度失望时，与她结婚的。他给她的这份暖意，令她只想用一段长相厮守的岁月静好来回报他。

她开始洗尽铅华了，淡画蛾眉，素衣简服，摒弃了一切明艳躁动的色彩。平时深居简出，倘若出门，也一定同曹瑞忠一起。

第六章 人生几度秋凉

亲朋邻居等很少有人知道曹瑞忠娶了那个晚清最出名的妓女,这当然与他们的刻意低调有关。

没有人知道赛金花也姓曹,包括曹瑞忠,只以为她是冠夫姓。嫁给曹瑞忠之后,赛金花又恢复了自己曾经的名字——曹彩云。这也算是改头换面的决心之一种。仿佛一切都没有发生,她只是黄山脚下玩耍的那个小女孩曹彩云,长大后嫁给了沪宁铁路的稽查,两个人相敬如宾,日子和美。

碎在身后的时光,像一桩前尘旧事,每每想起,仿佛一个老友在面前低声倾诉,感觉熟悉,但怎么看都不像是自己的经历。有时候,赛金花也会回想自己的过去,比如在柏林时的那个快乐的小新娘,迷恋热闹繁华的东西,有派对就想去,可以一直跳舞也不累,每次都要等曲终人散才恋恋不舍地离场。最喜欢热闹的人才最害怕寂寞,她虽有万般不得已,但也一度眷恋声色犬马的欢乐,就像在舞会上一样,似乎穿上了一双不知疲倦的舞鞋,不停地旋转不停地跳,只害怕一切戛然而止后的空虚。现在,她终于脱掉了那双舞鞋,能够赤脚站在地上行走了,她想把那双鞋扔得远远的。

她的前半生足够跌宕起伏,如今悲伤痛苦都已落幕入土,她也该有个平淡的结局。然而,上苍似乎并不希望她从俗,仿佛是要刻意培养她坚强的心志。

五　夫死女亡

1912年，中华民国成立，清帝退位，清朝覆亡。有人说，民国时期的女子既有沿袭晚清的淑女贞静，又有西风吹拂的时尚摩登，还多了几分乱世的侠骨柔情。也许因为长年居住在烟花巷陌，在赛金花身上，晚清与民国的界限并不明显。当她还处在晚清时，她举手投足间不拘一格的欧式时髦令人印象深刻；而当她一脚跨入民国，却也缺乏进步女性身上的革命激情，尤其是那双小脚，与时代显得格格不入；至于那份侠义心肠，倒是她从"赛二爷"时期就有的英气。

大时局也承载着个人的悲欢离合。幸福，总是与痛苦如影随形。

结婚刚满一年多，曹瑞忠因急性肠炎病逝。

第六章 人生几度秋凉

他病发得很突然，这两天受了点风寒，正赶上总局长官巡查，铁路上宴请，他多喝了一点酒，回去的路上又着了点凉，晚上就开始腹泻。赛金花要去请大夫，曹瑞忠不让，担心她在更深露重的大晚上外出也着凉，强作精神地拉着她一块儿躺下。第二天他的病情加重了，一连在家里躺了几天，几个大夫看过了，都无计可施。心急如焚的赛金花衣不解带，亲侍汤药，整夜守候在床边。她在心里暗祷，只要他能病愈，就是折她二十年寿命也愿意。只是，她的一片诚心没有换来奇迹的发生，从发病到去世，总共不到半个月的时间。

曹瑞忠的葬礼，赛金花没有参加。她虽然与他成了亲，却未见过他的妻儿父母，于公众面前难免有些名不正言不顺，而且她的身份也免不了招来一顿点点戳戳，令他九泉之下也无法安心。曹瑞忠死后，她成为众矢之的。那些人已经开始议论纷纷了，比红颜祸水更狠毒的说法是，她天生克夫，所以只配人尽可夫，若有谁把她娶进家门，必招致杀身之祸。

与曹瑞忠生活在一起的一年里，赛金花担当幕后军师，帮他出谋划策，做了些地产生意，赚了点钱。这些钱用于日常起居和给曹瑞忠治病，花去了一大半，剩下的她也没打算要了，她知道必定有一群人在背后虎视眈眈。说到底，天下攘攘，皆为利往。

幸福乍现就凋零，只度过了一年的宁静时光，她再一次成为寡妇,再一次净身出户,再一次独自上路。

这一次重新出发,她的目的地不再是繁华巷陌,而是黄卷青灯。她来到青浦一座清净的尼庵,庵里只有一位住持,一个负责打扫的姑子和三两个尼姑。她对住持说:我是曹彩云,徽州黟县人氏,我在一个充满欲望和浮躁的花花世界里生活了许多年,身上充满了罪过,不知道佛能否度我?

慈眉善目的住持看了她一眼,回答道:佛度有缘人,佛也度众生。

赛金花请求住持接纳她修行,住持说她六根未尽,她也承认自己尘缘难了,只期望能够带发修行一阵,换回内心的片刻安宁。住持说:阿弥陀佛,唯有耐得住清贫和寂寞的人,才会深知人生苦乐。之后,点点头同意了。

山林茅庵,夜凉如水,古庵更添清幽冷寂。在这个远离红尘的黑白世界里,她在长明灯前轻敲木鱼,一声声皆是她内心的呼唤——她请求佛祖对于她二十年孟浪生活的原谅,希望佛光能够照亮她今后的人生路,愿那些给过她温暖的人能够健康无忧,还祈祷佛祖能保佑她的女儿德官平安幸福一生……"钟声闻,烦恼轻,智慧长,菩提生,离地狱,出火炕,愿成佛,度众生。"都说,古寺深处的钟声是世间最洁净也最温柔的一双手,它能荡

第六章 人生几度秋凉

涤人们脑中的悔与欲望，抚慰心灵的痛和创伤。但赛金花毕竟仍是七情六欲的尘世中人，甚至比一般人更敏锐更感性，虽然向往一颗云水禅心，却终究要被世间纷扰牵动身心。

又是一年春天，墙外蓓蕾初绽，彩蝶纷飞。她对时间的流逝浑然不觉。在她的人生经历中，有两个地方是感觉不到光阴流淌的，一处是深牢大狱，一处便是深山古刹——隔绝了尘世的光怪陆离，也阻挠了日月四时的更替。

有一天清晨，她起来诵经，只觉得心口一阵疼痛，继而头晕目眩，念不出一个完整的句子。她手中拨弄着念珠，心却越来越乱，只有站起身，向佛堂外走去。

她听见门口一阵窸窸窣窣之声，走上前看，见是扫地的姑子在与门外一个男人说话。男人的声音有几分熟悉，她往外一望，发现是曹瑞忠的部下王衡，知道是来找她的，心里一惊。曹瑞忠入土为安之后，她与曹家已无任何瓜葛。

她问王衡：你怎么会来这里？

王衡气喘吁吁地说：彩云夫人，听人说你好像在古庙里修行，这两天我几乎找遍了整个上海的庙宇尼庵，总算在这里见到了你。

赛金花问：是曹家出了什么事情吗？

王衡是个心直口快的汉子，并不善于委婉地传达一个悲伤的消息：夫人，北京那边有人来信，您的女儿上个月生病去世了。

赛金花木讷地望着他，他说的每一个字明明都已入耳，但她完全听不懂它们的意思。她问：你在说什么？你刚才说的是什么？

王衡只得又说了一遍：您在北京的朋友辗转托人打听了您的下落，以为您还在曹家，捎信过来说，您的女儿上个月病逝了。他们之前找不到您，就在报纸上刊登了启事，这几天的报纸上都有寻找您的新闻。

赛金花眼前的天空全部暗了，紧握着朱红色庵门的手一点点地向下滑落，她瘫倒在地上，身后两个尼姑将她扶起，门外的王衡惊惶失措。

第六章 人生几度秋凉

六 种桃道士归何处

她不知道自己是怎么到达北京的。

她一身白衣,长发纷飞,眼神呆滞,没有一滴眼泪。德官早已入葬,她来到那座坟茔旁,放下一束柳枝。

当年她在柏林怀德官的时候,做的那个甜蜜的梦里,就有这么一束绿意撩人的柳枝。当时只以为是个寻常的预示生女的胎梦,如今追忆起来,那个梦里蕴藏的都是她对女儿满满的宠爱和永存于心的印象——月亮、柳枝、花丛、湖泊,每一样都是美妙又柔软的事物。赛金花一直把女儿当作自己魂魄中最纯净、明亮、美丽的那一部分:即使常年不在女儿身边,但挥挥衣袖时,那阳光折射出来的一抹色彩是她;清晨起床时,听见

我的真相，在春天抵达：赛金花传

的第一声清亮的鸟鸣是她；对镜梳妆时，镜子中最美的那一刻也是她。如今，女儿走了，也带走了她的这些纯净、明亮和美丽。

德官长到了二十多岁，尚未出嫁，本来已经许配给京城一个望族的二少爷。可从前年秋天起，德官就得了肺病，病病快快地耗了两年，那边的少爷家里看她的病不见好转，担心耽误自家儿子的终身大事，便急匆匆退了婚。德官听到退婚的消息后，长病不起，没过多久就去世了。她去世后，洪家将她匆匆又草草地葬了，几乎没有惊动外人——一个死在娘家未出阁的大姑娘，多少有些不吉利。

洪家人也不打算通知赛金花，他们虽然成功地将赛金花驱逐出了洪家，却始终对她存着一份恨意。她风生水起，他们认为是有辱洪钧声誉；她落魄潦倒，他们便担心她还会惦记那五万块钱；甚至当他人谈论起关于她的一些无关紧要的事情时，他们也会不自在。总之，这个从洪府走出去的女人，仿佛是他们脑中的梦魇、心上的刺。德官入葬之后，过了一段时间，赛金花在京城的朋友才得知音讯，纷纷想方设法地要通知她。

赛金花上一次见到德官，还是瓦德西的安排。她的记忆中，德官还是那个鹅蛋脸、微蹙着眉、面色红润的小女孩。看见眼前墓碑上贴着的德官的小像——眉如星，眼如月，一个标标致

第六章　人生几度秋凉

致的好姑娘，却与她印象里的女儿相差甚多，她不由得再一次悲从中来。德官在母亲的视线之外独自成长，长得这样乖巧这样美，最后又在母亲看不见的时空里静静地死去。

她最亲爱的女儿，她唯一的真实的信仰，她每日每夜心心念念牵挂着的人，她愿意自己从此万劫不复只求能保她一生快乐顺心的德官……作为母亲，她不仅没能守护在她身边，陪着她成长，亲手为她披上嫁衣，而且距离上一次见面已然遥远的这一次相见，竟是阴阳两隔。

她没有照顾好女儿，她也永远不能兑现曾两度对德官许下的诺言：第一次是离开洪家时说的，第二次是那年对德官说的——你等等妈妈，妈妈以后会把你接过来，一起生活；妈妈会做一个让你骄傲的妈妈。句句带血，字字如刃，一刀一刀地刺进她的骨髓，搅弄她的血液，她痛不欲生。倘若巨大的痛苦真能麻痹人的神经，也就罢了，但她依然保持着清醒；即使眼里掉不出一滴泪，心仍在持续不断地呜咽。人只有睁着眼醒着时，才更痛。

幸福与幸福都是相似的，悲痛和悲痛却大有不同。两任丈夫去世，她的痛是梧桐半死清霜后的只影失伴，是孤鸟失栖的彻骨之痛；与挚友的死别，是人生再也无知音的喟然痛惜；与情人的永不相见，是山长水迢、人生苦短的缱绻遗憾；遭人陷害被捕入狱,是百转千回欲说还休的阵痛;孙作舟的背情忘恩,是一腔情义与漫长时光遭受践踏后的心痛。

但是,于德官的离世,她的悲痛是"天长地久有时尽,此恨绵绵无绝期"的大悲希声、大痛无尽。她觉得,自己永生永世也无法得到救赎了,她的灵魂永生永世都要在无边的暗夜里哭泣了。失去了德官,她也失去了一切的坚持的必要。

或许人这一生,只有孤独和离别才是永恒。

赛金花是一个喜欢回顾却很少后悔的女人。她的人生,总是一边输,一边赢,一边失意,一边得意,一边穷途末路,一边东山再起,就像西西弗斯与巨石的故事,那块巨石不断地滚下来,她也就不断地把它推上去,周而复始地循环,不知疲倦。不管怎样,她都保持着河流一般向前方奔流的心态。

但是这一次,当德官之死的巨石滚落,她却生出再也接不住的深深的无力感。眼睁睁地看着巨石向着自己坠落,她想:倘若一切可以重来该多好,就从那个飘雪的早晨,她离开洪府的那一天开始重来吧。当那扇朱红色的大门即将关闭时,应该不顾一切地冲回去抱出德官,将她紧紧地搂在怀里,从此无论走到哪里都携着她。她当时以为,把德官一个人留在那里是无私,生活在北京多年与她避而不见是无私。可在女儿的生命消

第六章　人生几度秋凉

逝之后，回想起女儿那如饥似渴般望向自己的眼神，她才发现，自己错了。对于德官来说，她最需要的或许不是一个大家闺秀清白无损的身份，而是爱。

以前，赛金花很想留在北京，无论是生是死，前路何方，都不离开北京半步。因为这里有需要她守护的德官，而世界上任何一个其他的地方都没有比德官更重要的。如今，她只要待在北京，那钻心锥骨的痛便一寸一寸地侵噬着她，北京城的一草一木无不在提醒她，她的女儿已经永久地离开了。睹物思人，原本就是一种太折磨人的游戏。

再见，北京。

再见，德官。

再见，一个母亲的全部柔情和爱。

再见，那企图像寻常人一样生活的信仰和力量。

第七章 最后一点的甜

谁，执我之手，敛我半世癫狂；
谁，吻我之眸，遮我半世流离；
谁，抚我之面，慰我半世哀伤；
谁，携我之心，融我半世冰霜；
谁，扶我之肩，驱我一世沉寂。
谁，唤我之心，掩我一生凌轹。

——仓央嘉措《谁执我之手》

第七章　最后一点的甜

一　上海京都赛寓

比利时作家梅特林克曾说："当一个人突然在镜前发现了自己的第一根白发，其间所蕴含的悲剧性远远超过莎士比亚的决斗、毒药和暗杀。"倘若这是一位因美貌而出名的女人，她的悲剧感便更强烈了。一年又一年，除了容颜和形体的改变，随着时间流失的，还有在茶峒的月下唱歌，让睡梦中的灵魂轻轻浮起的那份心意。白发拔掉一根紧接着又会长出新的一根，站在镜子前，她常为自己与日俱增的陌生感吃上一惊。

1913年，京都金花书寓（京都赛寓）在上海小花园低调开张。她租了一幢两层楼的小洋房，排场不大。此时的她，虽窈窕依旧，却面有霜色，毕竟年过四旬，韶光流去，虽不至于年长色衰，至少也是美人迟暮了。这样的年纪重执艳帜，也只有早年她在上海滩的几位感情笃厚的旧相识前来捧场。

后人评论她在上海挂牌从业的这段经历，都只以为江山易改，本性难移，过惯了放荡不羁的生活，故而继续靠皮肉生意谋生。

我却觉得，这一段时间是她痛心到极致，所以无羁到极致。似乎是刺激的反作用，抱着破罐子破摔的心理，缓解精神上的痛苦。游戏于迎来送往之间，只为让自己与行尸走肉有所区别。她早已对欢场厌恶万分，现在又重新回到这里。天不怜她，佛不怜她，人不怜她，她自己也不想怜惜自己了。看破世事，她更加无所畏惧，因而无所顾忌。她最终还是选择了自己最熟悉也最厌倦、最无所适从也最以毒攻毒、最无可奈何也最听之任之的一种生活。

无论从事哪一种社会角色，她都拼尽全力去做。在富记花船上，她是最得意的姑娘，不骄矜，不端着，明眸善睐，分寸娴熟；在洪府做姨太太，她忍辱负重，不卑不亢，受了再大的委屈也耐着性子做自己该做的事；在欧洲做公使夫人，她长于辞令，热爱社交，不仅在最短的时间里学会了德语，也尽可能在短时间内让他人喜欢自己；做金花班的掌门人，她风情万种，精明能干，洞察秋毫，不怒自威，有章有法；哪怕与外国人谈判，她也能有理有节，有情有力，让对方挑不出破绽，最终达到目的。

第七章　最后一点的甜

现在，她又将自己置身戏中，用力演出。纵然年长意弛，在人前也仪态万方。

尽管如此，中年以后的赛金花一直是眼冷心也冷的。在这一点性格上，她有些像服用冷香丸的宝钗："历着炎凉，知着甘苦，虽离别亦能自安，故名曰冷香丸。又以谓香可冷得，天下一切，无不可冷者。"一腔真性情付与冷心肠，也算是能够保全自己。

在上海经营京都赛寓的时候，曾朴的《孽海花》忽然就红了。曾朴写这本书的时候说："这书主干的意义，只为我看着这三十年，是我中国由旧到新的一个大转关，一方面文化的推移，一方面政治的变动，可惊可喜的现象，都在这时期内飞也似的进行。我就想把这些现象，合拢了它的侧影或远景和相联系的一些细节事，收摄在我笔头的摄影机上，叫它自然地一幕一幕地展现，印象上不啻目击了大事的全景一般。"

而贯穿这由旧到新的三十年的核心人物，就是以赛金花为原型的傅彩云，一个轻薄如浮花浪蕊、放荡似流水落春、色相与情欲都热情如火的女人。似乎生怕别人不能对号入座，书的卷首还放了一张赛金花本人的小像。

如鲁迅谈《红楼梦》，"因读者的眼光而有种种，经学家看见《易》，道学家看见淫，才子看见缠绵，革命家看见排满，流言家看见宫闱秘事"。对于《孽海花》，有识之士读到的是新旧中国的变迁史，大众看客追逐的便是傅彩云的风流艳史。也有人认为，其中的台词显出封建社会底层妇女解放、女性意识觉醒的意味。

赛金花本人读后，只觉得曾朴太不能理解她，不过整本书她倒是认真读完了。

书出名之后，京都赛寓一夜之间成了争相拜访的目标。就像当年赛金花在上海挂牌，很多人奔着出访过欧洲的状元夫人的名头而去一样，人们自然认为这是曾朴帮了赛金花一个大忙。用当时小报记者的语气来说就是："这真是天无绝人之路，一个半老徐娘、过气妓女，居然又出现了一位小说家，凭借一本半真半假的小说，再续了往日辉煌。"

第七章 最后一点的甜

二 四十九岁时的一场"初恋"

想想看,当一个人年老时吐露:我最黑暗的秘密是,我从未试过真正地堕入爱河。这是一种什么样的心情?翻开爱情史,或许人们会发现,总有一个以为自己很爱事实上并不爱的人,总有一个想爱而无法相爱的人,总有一个视之为伴侣却始终不愿交付灵魂的人,总有一个都不够爱也无须爱却还要在一起的人,还有一个天时地利人和万事俱备而且彼此相爱愿意与子偕老的人,是为 Mr. Right。

现在,赛金花的这位 Mr. Right,就要出场了。

后来,在她七十二岁那一年的深秋,她蜷缩在病榻上,床边大红色的梳妆台已满是尘埃,唯有温暖的回忆才能抵挡从破旧的窗户纸中钻进来的蚀骨寒风,因此她时常会记起六十年前。

我的真相，在春天抵达：赛金花传

那时候，她还叫作赵彩云，出生在黄山脚下的一个安静的村落，陶渊明曾称之为桃花源里人家。

而当她还叫赵彩云的时候，她无论如何也没想过，生命中遭逢的第一丝细语的呢喃、第一份清澈的悸动、第一次真正意义上的情窦初开，竟发生在四十九岁的年纪。

还得从她的名字说起。在浮浮沉沉的一生中，她曾有过十几个名字，代表着十几种时光。

还在黄山下嬉戏的垂髫稚女时代，她的乳名是赵彩云。"彩云惊岁晚，缭绕孤山头。散作五般色，凝为一段愁。影虽沉涧底，形在天际游。风动必飞去，不应长此留。"唐代的李邕在写这首诗之际，自然不会想到许多年以后，有个叫彩云的姑娘，会展开一段怎样五光十色又孤寂无比的人生。

没有人生来就应沦落风尘，她亦曾被养在闺阁中，那个时候她叫赵灵飞。那时的她也是低眉浅吟，莲心似卿，水玉出烟，灵飞生光，闺阁幼女该是什么模样，她就有什么模样。

然后，是寄人篱下给苏州曹家做养女时的曹梦兰，是夜泊秦淮弹唱《后庭花》的傅彩云，是宝马雕车香满路的状元夫人赵梦鸾，是于天津组建"金花班"的赛金花，是飒爽英姿女扮男装的赛二爷……

第七章　最后一点的甜

可以揣度，那年瑟瑟寒秋蜷缩于病榻的赛金花，也许希望自己从来都只有两个名字：一个是赵彩云，一个是赵灵飞。

而这两个名字，都与魏斯炅有关。前一个是同住在前门的樱桃斜街时，他喜欢呼唤的名字；后一个是她与他在上海霞飞路结婚时，教堂的神父亲口念出的新娘的名字。

人们常说，人生若只如初见，谁曾想，这份"初见"居然一拖再拖。彼时，她已有过两次婚姻，三度走入欢场，是《孽海花》《二十年目睹之怪现状》这些小说里"浪荡"而"怪异"的女子形象原型，一片"床上救国"的讥讽声尚未在耳边消散。

于她，其实这些毁毁誉誉都无妨。无论处于人生的哪个阶段，她都有份异于同侪的清醒和智慧，或者说是残酷的自知。从她成为傅彩云的那天起，她就很冷静地预见了自己未来的生活——或者陪几个过客做一做一觉十年的扬州梦，或者像那些传奇故事中所写的遇上一个达官显贵，日子能够过得恣意一些……

后来，即便她嫁给状元洪钧，成为公使夫人，她的内心也没有过多的波澜，似乎一切都在按部就班地演绎。她的身上少见激动的情绪，出访欧洲与德国皇室风光合影时她不曾激动，在兵荒马乱中与瓦德西周旋时她不曾激动，蒙上莫须有的罪名流落他乡时她也不曾激动。时人毁她、谤她、辱她，她亦不为所动，倒想和他们比试比试，谁更无情，谁更无所顾忌。

我的真相，在春天抵达：赛金花传

那一次，她于京都赛寓遇见魏斯炅时，自然也没有一见钟情。这个比她还小两岁的胖身材的江西男子，时任江西省民政厅长，后世书中记载道："一代名妓赛金花的第三任丈夫，婚后三年因急病而去世。"其实若严格追究起来，他们这次也算不上初遇。几年前，他们就打过交道，只是没有所谓交情，她对他也没留下多少印象。

而那一天，他为她而来，她如常应付了一番，然后告辞，去赴下一个约会——上海租界华商公谊会董事长金四少爷的宴请。魏斯炅也只淡淡地说：好，你去吧，我等你。一如其他人每天都会对她说的话。

对她来说，这是太平常的一套规定动作，她的日常生活就是由这样一系列的步骤组成的：有人慕名来见她，她迎接，然后结束，送客，再迎接另外的人。

那一次却有所不同。第二天早晨她回来，看见他趴在她的大红色梳妆台上睡着了，手边放着一本书。她忽然就听见了内心泛起的丝丝涟漪。赛金花在心里，或许曾为自己设定过许多角色——颠倒众生的美人，红颜命舛的妾婢，柔情侠骨的女子，满腹冤屈的天涯羁旅人……她唯独没有预设过一个幸福地等待丈夫归来或幸福地被丈夫等待着归来的妻子的形象。

等待，到底有多美好？对于苏小小、赛金花这样的女性而

第七章 最后一点的甜

言,她们自幼目睹了太多的轻诺寡信,也更能够体会"油壁车,夕相待"的难得。

一向洞悉世事人性的赛金花有些迷惑,究竟是这份从未有过的新鲜感令她动容,还是在迟暮年华尚能遇到真心相待的人令她愉悦?总之,那时那刻,她满心欢喜。

也许就在那个瞬间,她开始遗憾相遇不趁早,岁月忽已晚,她开始担心世人关于她克夫祸水的谶言是否还会应验;也许就从那一刻起,她决定了以后无论发生任何事情,也绝不再嫁。很多年以后,有人评价他们这段情,说魏斯炅"为赛金花掸落了一身的风尘味"。赛金花并不反驳这种说法,她知道不是这样,但又知道魏斯炅的确改变了她。

经历了太多的生与灭、荣与枯、明媚与黯淡,她不求获得理解与宽囿,只想回归平凡的日子,维持现世的安稳,生活得简单明亮,即可。无论是在赛金花所处的清末和民初,还是百年后的如今,平静与幸福都是人们的理想。只是,不同的人曾经沧海的程度和舍弃浮华的勇气多少,各不相同,则另当别论了。

世人都道赛金花是传奇。赛金花内心看得清楚,她在四十九岁的年纪遇见了她一生中的传奇。

后来,每当她记起这一次"初遇",梅花便落满了南山。

三 最后一次婚姻

关闭了心的门,心变成一块石头,丛丛的信仰疯长成无敌的青苔。所有的生机俱是为你而生。她向他走去,向内心涌动的一股高傲的力量走去,向万劫不复的赤焰走去。

旁观者总是既不惮以最大的恶意去揣度他人的生活,又不吝啬用最恶毒的言语去评论他者的行为。当魏斯炅与赛金花见过这一面后就执意要娶她的时候,那些飞来的冷言冷语,像冰刀一样锋利伤人,随便挑几句在常人听来都是很难承受的:"中年从良,娶去做娘。""你堂堂一个厅长,难道甘愿做只王八吗?""三妻四妾常有,可娶个和洋人有关系的妓女成何体统!""你是希望闻名全国吧?"……连赛金花听到这些话都觉得不堪入耳,魏斯炅却淡然自若,将那些言语视如耳畔微风,

第七章　最后一点的甜

拂过则罢，也不屑争辩。他告诉赛金花，任凭别人说什么，他坚持着一种逻辑——他爱她，所以一定要和她生活在一起，就这么简单，别人不懂得他对她的感情，自然也无权评论。他们相见恨晚，没有长长的一生去享受你侬我侬的爱恋，时不我待，所以更应该珍惜当下的每分每秒。

人，总是算不过命运和时局，就在他们即将成婚之际，一桩历史事件的发生，推迟了他们的婚期。那一年，江西都督李烈钧因反对袁世凯篡政，被免去职务，到上海与孙中山、黄兴等共商反袁事宜。魏斯炅作为李烈钧的主要帮手和骨干，积极参与其中。很快，李烈钧在江西湖口起兵讨袁，不久便失败，并逃往日本。覆巢之下无完卵，魏斯炅也在通缉名单之列。

那几天他经常拥抱赛金花，担心自己随时被捕，再也见不到她。赛金花反倒沉着镇定，亲自帮助他乔装打扮，然后掩护他搭乘一艘日本轮船前往日本避难。

他这一去，就是几年。她每天不疾不徐地等待着他，也不担心他会遇到何种不测，彼时的心境，是一种从未有过的笃定踏实。她懂得，郎心自有一双脚，隔江隔海会归来。

几年后，等到时局稳定，他平安回到上海。没过几天，他就向赛金花求婚了。求婚的场景也是精心设计过的，果然浪漫不分年龄，亦与身份无关。他特地挑选了一个晴朗的天气，在

我的真相，在春天抵达：赛金花传

傍晚日落以前，约她一起在一座小山坡下散步。突然，他单膝跪地，双手捧一只镶刻着彩色祥云的戒指递给她；她看见在他身后，夕阳如火，彩云满天。

刹那间，她在心中读起了那首她念念不忘的诗："草如茵，松如盖。风为裳，水为珮。油壁车，夕相待。"终于等到这样的一个人，她心目中的盖世英雄，踏着七彩祥云，乘着油壁车，在日落时分前来迎娶她。

魏斯炅说：以彩云之名，请嫁给我。

赛金花笑着说：可是除了彩云，我还有很多个名字。

魏斯炅说：以后我想一直用这个名字称呼你，因为它是你的乳名。而你的其他的名字，都承载着各种各样的伤心经历，你可以永远地忘记它们。

她接过了戒指，让他帮自己再取一个正式的大名，在其他人面前可以骄傲地自我介绍：这是我家那位有文化的先生为我取的名字。

这就算是允诺求婚了。魏斯炅站了起来，开心地拥住她，为她取名叫赵灵飞——"灵飞"寓意灵魂从过去那些沉重的束缚与痛苦中飞跃出来，从今以后过一种轻松愉悦的生活。

洪钧当年为她取的名字是"梦鸾"，希望她为家族带来祥和的兆头，为丈夫带来飞黄腾达的运势。魏斯炅则为她取名"灵

第七章　最后一点的甜

飞"，寓意她涅槃重生。

当然，若是将此视为魏斯炅与洪钧的高下之分，未免对洪钧不够公平。他是清朝官员，留长辫，穿长衫，从小的志向是考取功名，光宗耀祖，一心三纲五常，有遗老遗少之风。他的成长轨迹、见识和格局决定了他的所思所想，以及对女性的态度。而魏斯炅是新时代的革命人士，志在斩破旧俗，青年时代他东渡日本在东京中央大学攻读政法，后又加入同盟会，深受进步思想的影响。

但无论如何，两个人的相处模式不是一方极尽取悦另一方，而是共同经营家庭创造幸福，赛金花所获得的尊严和实现的个人价值当然更多，她的内心受到的震撼无疑更加深刻。

结婚前夕，赛金花问魏斯炅：那么多年轻漂亮、出身又好的小姐你不娶，为什么偏偏是我？我已经不年轻了，何况还饱经风霜。

魏斯炅说：我爱的就是你的饱经风霜，你相信吗？

赛金花在心底是有几分不信的，但心情如吃了五月槐花蜜般感到清香甘甜。

魏斯炅没有说谎。在他的眼中，赛金花即使脸上刻着风霜，眼神里写着阅历，她也始终能够明媚地美丽着。他热爱她的那份风霜之美，她的摇摆不定的自信和忧伤，以及世人褒贬之外的简单真挚。

众所周知杜拉斯小说《情人》的经典开头:"我已经老了,有一天,在一处公共场所的大厅里,有一个男人向我走来。他主动介绍自己,他对我说:我认识你,永远记得你。那时候,你还很年轻,人人都说你美,现在,我是特为来告诉你,对我来说,我觉得现在你比年轻的时候更美,那时你是年轻女人,与你那时的面貌相比,我更爱你现在备受摧残的面容。"这段文字脱胎于爱尔兰诗人叶芝的那首诗《当你老了》:"多少人爱你青春欢畅的时辰,爱慕你的美丽,假意或真心,只有一个人爱你那朝圣者的灵魂,爱你衰老了的脸上痛苦的皱纹。"叶芝与赛金花生活在同一个时代,他们的人生长度也几乎一致。赛金花倘若能读到这几句诗,一定心有戚戚焉。她自己也说过:"我眼看少年们的秦楼笙歌楚馆笛舞,觉得不过一刹那的风流而已。"

人们都向往在鲜衣怒马花枝招展的年纪,但年轻时有年轻的招摇与好奇,年长时也有年长的风华不可方物。在青春欢畅的好时光,赛金花被许多的人或逢场作戏或发自内心地爱慕过,但始终没有一个可以真诚相爱的灵魂伴侣和可以倚靠的终身归宿。到了暮年,她终于遇上了一个人,能这般懂得自己,怜惜自己,珍爱自己。

第七章 最后一点的甜

魏斯炅在江西老家已有妻儿，他打算与妻子正式离婚，被赛金花阻止了。她说：贫贱之知不可忘，糟糠之妻不下堂。于是，魏斯炅认真地给赛金花写了一封婚书，强调是妻而不是妾，他说：妻者，齐也，与夫齐体。

他知晓赛金花的心思。她虽然已经足够传奇，但她作为女性的身份始终处于从属地位，洪钧和曹瑞忠娶她为妾，孙作舟是名不正言不顺的情人，瓦德西更是朝露浮萍般的一段情缘。然而，她的女性意识是觉醒的，她向往拥有主体地位，不再停留于屏风和珠帘之内，不再做男人背后的一道影子。因而，她时常怀念在欧洲的那几年，仿佛她就是洪钧的妻子。而后来，她一直以为，此生成为别人的妻子，已经是遥不可及的一种奢望。

人生得魏斯炅这样的知己爱人，足矣。

1918年，赛金花与魏斯炅结婚。婚礼是在上海办的，李烈钧是他们的主婚人。婚礼上，魏斯炅对着所有的来宾说："今天我魏斯炅和赵灵飞女士结婚，感谢各位的光临。有人说，赵灵飞就是赛金花，也是当年名噪京津的赛二爷。我说，不错。过去是，现在不是。旧的是，新的不是。我魏斯炅代表新人郑重地宣布：今天的新娘是赵灵飞，魏夫人就是赵灵飞。诸位是新公民，应该有新时代的新思想。第一次国民革命打倒了封建专制，第二次革命铲除了企图复辟的袁世凯之流。新生活从现

我的真相，在春天抵达：赛金花传

在开始，男女平等从今天开始。我和赵灵飞结婚，深层意义就在于弃旧迎新，恢复人的尊严。"（见《申报》记者双松《赛金花晚年自述》）

现场掌声雷动，来宾无不被他所感染和鼓舞。这段新郎致词更像是一个革命党人的慷慨激昂的演说陈辞，通篇充满了昂扬的革命性与战斗力，以及言之凿凿的公义道理。

当时的情境之下，赛金花的心情只能用"百感交集"来形容。在她漫长的人生时光里，伴随着一个一个的名字，她曾经成为很多人，有着许多个身份，却常常流离失所，幸福稍纵即逝，犹如苏州河边那粲然划过天际最终寂灭的烟火。如今，她作为赵灵飞、作为魏夫人的身份，因为面前这个男人和这段感情，而如同北京冬天最大的那场雪，有着永恒的洁白，以及似乎永不停止的厚重和无声。

她那天穿的就是一件雪白的婚纱，手捧一束艳丽的玫瑰花。她这一生多舛，每次穿白色都不是平安喜乐的，所以她平时的衣服很少会选这个颜色。这一次，一身雪样耀眼的白，通向的是她记忆里、理想中最纯净的爱情。

她这一生的大半时光都沤渡在社会底层，最渴求的就是那一份能照亮她的温暖。她晚年时与人这样说起过："我一生难忘两个人：一是洪文卿，一是魏斯炅。洪状元爱我年轻貌美，

第七章　最后一点的甜

只是救我出火坑,是恩情;魏先生爱我风尘知己,却是还有一个人的尊严,是真情。"一句恩情,一句真情,一切尽在不言中。

他们两人拍了一张结婚照,这张照片也就是现在我们很熟悉的那一张——娇小的赛金花与高大的魏斯炅并肩站在一起,她穿着西式礼服,头戴珍珠头纱,脚上着一双白色高跟鞋。从照片中可以看出,她并不年轻了,但面容清秀,烟视媚行,自有一番楚楚动人的韵致。她身旁的魏斯炅穿着黑色的长西服,一只手拿着礼帽,一只手被赛金花挽着,体态虽有些臃肿,却并不妨眉宇间的一抹器宇轩昂。

他们俩,怎么看,也称得上般配。

四　如意郎君

　　我们可能因为一个人而放弃一座城市，因为那里氤氲着相似的忧伤气息；同样的，我们也可能因为一个人而选择一座城市，心甘情愿地画地为牢。也许有的人你永远也无法再见，或者你不愿再与之相见，但你最后却能宽恕那座与之相关的城，因为风景未曾负你，城里流淌的流年未曾负你。

　　对赛金花来说，原生故乡在徽州，心灵故乡在苏州，得名在天津，一生的几个重要时刻发生在上海。而生活得最久的北京之于她，更有着千丝万缕的联系，和说不清道不明的情愫。赛金花与北京的缘分并没有因为德官的去世而终结。婚后，她与魏斯炅一起迁居北平，住在琉璃厂东街往南的樱桃斜街的一座四合院里。此后一直到死，她都没有再离开过北京。

第七章　最后一点的甜

　　樱桃斜街算是北京最美的胡同名之一，樱桃流光，疏影横斜，有着望而知意的缱绻撩人。面对着家里每一件崭新的家具，院子里的每一株花草，甚至窗外飘进来的缕缕轻风，她居然有些新婚的羞涩和新奇。

　　她为他洗手作羹汤，洗择着那些碧绿透亮的菜叶时，想起自己年轻时对于烹饪有着无师自通的慧性，但这些年很少下厨，也自然体会不到用心用时间去做好一桌菜的快乐。现在，她一度陌生的许多生活情境又重新找回了。傍晚魏斯炅回来，心疼她劳累，深情款款佯装恐吓地嘱咐她以后这些让用人做便是。她一口应承，过几天又会花上一整天的时间，为他炖上一碗汤。这种亲力亲为的妇人角色，令她乐此不疲。

　　她无心说的每一句话，魏斯炅都记得。比如，她曾和他说起在洪府时被秋喜算计背叛，在八大胡同因为风铃的自杀又惹上官司，她说她对年轻的姑娘总有一些隔阂。魏斯炅便亲自去江西接来自己的乳娘顾妈陪她。顾妈是他幼时最信任的人，他希望将自己获得的第一份安全感转移给赛金花。在他身后的许多年，顾妈也没有辜负他的期望，始终不离不弃地陪伴在赛金花身边。

　　无人过问时，人们总能够独自悄然地变得强大；而被人小心呵护时，又往往变得柔弱可怜。赛金花便是这样。之前人生遍地荆棘时能忍自刚，可自从遇见魏斯炅，她发现自己变得又小又

我的真相，在春天抵达：赛金花传

笨又脆弱，秋风一起便咳嗽不停，连抬头望望天上的月亮都会发发闲愁。有时候，矫情也是一种难得的幸福，因为它意味着首先你有浮生之闲暇，其次你有一个能纵容并欣赏你的爱人。

她时常穿着洋装，打扮得清清爽爽，和魏斯炅牵着手一块儿去剧院看戏。有一次，他们事先没有看过剧目表，走进包厢刚落座，发现演的居然是《赛金花》。她神色一变，起身准备退场，却被魏斯炅一把拉住。他说：真卓别林还会欣赏假卓别林的表演呢，我们看看又何妨？前尘旧梦，就一笑而过罢。我早就说过了，你就是现在的我面前的你，至于别的，都是无关紧要的事。见他不在意，她也就慢慢释然了。后来，他也曾特地带她去看以她为原型的戏曲演出。看着台上那个嬉笑怒骂、明快泼辣的花旦，她告诉他，她觉得自己更像是多愁多病的青衣，一生坎坷无数，所幸人到中年遇见了他，总算过上了安心的日子。

有一天，顾妈买菜回家，唉声叹气地递给赛金花一份《顺天时报》。她猜得出，准是报纸上又乱写她什么了——一翻开，就是一个耸人听闻的标题："赛金花风流再嫁，曹仲珊艳福得娇"。她不由得皱皱眉头，她早已在众人的见证之下披着一袭洁白婚纱嫁给了魏斯炅，哪来的风流再嫁的传闻？

赛金花向来不在意这些哗众取宠的风言风语，可她如今已为人妻，即便魏斯炅总是一笑置之，她还是担心这些传闻败坏了

第七章　最后一点的甜

他的声誉。她往下看,发现文章内容更是让人无法卒读:"近闻曹师长私纳名妓赛金花为小妾,艳福非浅,耽于酒色,泥于私情,怯于公战云云。曹锟通电辟谣:查本人纳妾一事,实为子虚乌有。赛金花人人可夫,与本人无关……"这一句"人人可夫",赛金花怔怔地读了几遍,气得说不出话来。

此刻,她回想起当年在仪鸾殿与德官见面,德官拿出的一张报纸上也写着她的桃色新闻,百感交集,思绪万千。晚上魏斯炅回来了,她还在踌躇这件事应该怎么和他说,他却直接掏出一份《顺天时报》,哈哈大笑地说:假作真时真亦假,这份报纸里的女主角又是另外一个假的赛金花。

原来,魏斯炅上午读到这篇新闻后,也觉得造谣生事一派胡言,想着不能让赛金花白白蒙冤,就打电话给这篇新闻的爆料线人质问。原来,新闻里说的赛金花是湖南的一名也叫赛金花的妓女。真赛金花的名声传开之后,各地的假赛金花也如雨后春笋般冒了出来。报纸的记者不经查证,以为彼赛金花即此赛金花,行文之间便句句直指那位传奇美人。赛金花听到事情的来龙去脉后,莞尔一乐,一旁的顾妈也长吁一口气。

日子越久,赛金花越能感觉到她与魏斯炅之间那种水乳交融般的默契。

一战结束后,愤怒又喜悦的北京民众摧毁了东单的那座克林德纪念碑。北洋政府为了彰显德国人的败绩,将碑重新修好后又移到中央公园,改名为"公理战胜"牌坊。牌坊落成要举办典礼,段祺瑞亲自主持。政府给赛金花夫妇也发了邀请函,还要求赛金花在典礼上发表演讲。这个意图很明显,当年的克林德纪念碑是她与德国人斡旋之后的结果,如今它的更名重建背后是新旧政权的更替,说明它由国耻象征一跃成为国家荣耀,这份来之不易的骄傲需要借赛金花之口宣讲出来。

赛金花心如明镜:一朝天子一朝棋子。既是政府相邀,她便不得不去。可她若携夫出席,处境必是尴尬的。人们反感克林德纪念碑,多半会把她归为卖国求荣的始作俑者,到时候当着那么多人的面,媒体说不定又会挖出她与瓦德西的旧闻,令魏斯炅难堪。魏斯炅看出了她的为难,说这种场合,他必须陪她前往,他得让所有人知道,克林德碑只是清政府腐败无能的产物,她一介弱女子,在当时的情境下仅仅做了自己的分内之事,而且客观上的确维护了全城百姓的安危。如今改朝换代,清朝覆灭,赛金花也嫁给了进步的革命党人,这些都是历史的更迭与时代的功绩。

于是在那一天的典礼上,赛金花挽着魏斯炅,两人体面而端庄地走进会场。她梳着光滑的发髻,画着素雅的淡妆,穿一件藕荷色的旗袍,在衣襟上别了一朵大红花,他俩坐在最前排。当有人提议请赛金花发言时,她站起身,彬彬有礼地向大家鞠了一

第七章　最后一点的甜

躬，然后指指嗓子，做了一个推脱的手势。魏斯炅也站起来，解释说内人这几天着凉染了风寒，喉咙沙哑不便说话，恳请大家谅解。他俩的表现天衣无缝，就连最八卦的小报记者也找不到任何可以借机发挥的新闻点，此事就算圆满地过去了。回去的路上，赛金花紧握着魏斯炅的手，两个人心领神会地相视一笑。

年近半百时，她那一度流失殆尽的小女人浪漫心思又汹涌而至。她与他谈起理想中的生活：安静地坐在种着两棵桂花树的庭落，空气清新，日光明亮，没有阳光也不要紧，最好不要有蚊虫飞过；然后在这片温柔的芳香之中打个盹，醒来看看钟，时间还早。本是类似撒娇的一句念叨，谁知过了几天，他不知道从哪里真弄来了两棵桂花树，栽种在院子里。桂花树在北京是不常见的，也很难成活。一段时间后，这两棵桂花树死了，但那份浓郁的香气还在身周挥之不散。

与他相处的日子，她感到自己的灵魂真的幸福得飞了起来。晚年时，撰写《赛金花本事》的商鸿奎采访她，说她最喜欢喋喋不休地谈论的，就是嫁给魏斯炅的那一段经历，可是她"嫁魏后之一切生活，已极为平凡，无何足以传述矣"。这也代表着大部分人的观点——赛金花最大的价值在于前半生不可复制的传奇人生，至于四十多岁后嫁为魏妻，和普通妇人没什么两样，也就不值得一提了。人们要看的始终是与平凡生活迥异的故事。

五　爱别离，求不得

佛家说人间有七苦：生、老、病、死、怨憎会、爱别离、求不得。最后这两种苦，是赛金花生命中永远无法承受之重。

她最简单的人生信仰——活着，已倾其所能地完成了；而她终其一生希望捍卫的东西，却最终都如指间流沙一样稍纵即逝。

她曾经和魏斯炅说起：世人都说我命薄克夫，前两任丈夫都是结婚没多久就去世了，你害怕吗？他则以一句甜言蜜语来回答：只要和你在一起，哪怕看不到明天的太阳，我也愿意。虽然是一句甜蜜的情话，她当时还是连啐了几口。她关于爱情的最朴素的想象，便是每天和他一起看第二天的太阳。

说到爱情，人们常喜欢用四个字来形容——携手天涯。但是，天涯没有我们所想象的那般遥远，有时候只是一场秋雨的距离，

第七章 最后一点的甜

或者几个春天的距离,以及猝不及防的生与死的距离。

都说美人自古如名将,不许人间见白头。难道一个注定传奇的女人,就不能拥有与爱人执手细数流年、缓慢老去的寻常人的终局?

茨威格在传记中评论法国王后玛丽·安托瓦内特时说过一句话:"她那时候还太年轻,不知道所有命运赠送的礼物,早已在暗中标好了价格。"早已不年轻了的赛金花,对于命运偶尔的眷顾一直是诚惶诚恐,她懂得,当命运赐给自己什么珍贵的东西时,自己总是要付出相应的代价。她不害怕付出代价,除了魏斯炅,她没有什么不能够付出和失去的。甚至,她愿意不求回报地无偿向命运贡祭。然而,命运向她索要的偏偏是他。

结婚三年后,魏斯炅因为一场高烧,匆匆离开了人世。

临终前的那几晚,医生宣告他将不治,她抱着他失声痛哭:都说我是克夫的祸水,看来我还真是。斯炅,对不起。

他轻轻摩挲着她的手,说:彩云,生死由命,不要难过。只是我食言了,没能一直陪你,你不要怨我。

她又怎么会怨他?他是她中年以后的人生中唯一的一抹亮色,是她在德官去世之后依然还能眷恋这个世界的最充分的理由。天地如此旷远,岁月如此沧桑。可是她,已永失所爱。

她曾亲自送走了两任丈夫。每一次她都以为是最后一次,每一次她都以为自己不会再嫁了。而这一次送走的,是她最心爱的一个人。她本以为德官去世后,她的心已经变成一汪死水,不会再因为风的吹动而泛起半点涟漪。

有一种大悲无言的疼痛是,梧桐半死清霜后,头白鸳鸯失伴飞。她这才发现,为什么自己不哭或者很少哭,因为哭意味着伤口已开始慢慢愈合,而那永远撕心裂肺的阵痛,是哭不出来的。

历史总有相似的地方。前两次婚姻,丈夫去世,他的妻儿便视她为不祥,争先恐后地驱逐她,并掠夺她手上的财产。这一次,虽然魏斯炅曾想堂堂正正地离婚后给她一个名分,却被她拒绝了。他去世后,与前两次婚姻一样,她又成为一个登不了大雅之堂、没资格为亡夫送行的女人。

或者是出于一种情理上的道义,不想授人以柄,又或者只是源于她彼时极度的心灰意冷,看淡世事,赛金花主动将魏斯炅的所有财产留给了他在老家农村的妻儿,单单带走了那幅结婚照,和他为她定制的那个镶嵌着几朵彩色祥云的求婚戒指。

魏斯炅出殡的那一天,赛金花全身披麻,拿着一根仪仗,缓缓地走进灵堂。这一段路并不长,可她仿佛走了一个世纪那么远,一路跋山涉水,只为了与他这尘世间的最后一次相逢。

魏家人没有一个人待见她。看事情的角度决定了做事情的风度,虽然她把魏斯炅留给她的财产一分不少地全送给了他们,

第七章 最后一点的甜

虽然也是因为她的坚持魏斯炅才没有与原配离婚，他们还是把这些年与丈夫和父亲的疏离之痛全算在了她的头上，甚至也将魏斯炅的英年早逝归咎于她的红颜祸水。魏斯炅的死令他们感到有多突然，他们的内心就有多憎恶赛金花。

他们如同看待瘟疫般嫌恶地面对她的出场，甚至有人直接站出来阻挠她的进场。至于在场的魏斯炅的那些朋友，虽然平素没少受到赛金花的礼待和照拂，可他们之前就因看不起赛金花而十分反对魏斯炅和赛金花的婚事，何况现在斯人已逝，人走茶凉，此一时彼亦一时，眼下这场葬礼的主持人始终是魏斯炅真正的家人，所以他的那些朋友自然也向着他的家里人，而对赛金花格外冷眼相待，仿佛她的出现是对这个庄严肃穆的场合的一次亵渎。

没有名分也罢，无人理睬也罢，哪怕被当众唾面也罢。她不是第一次受到这样的奚落，更不会在魏斯炅的灵堂前与他们计较这些。她走上前，注视着他的遗照，照片中的他和平常一样亲切宽厚，似乎也正在看着她。她正感到一丝安慰，忽然看到一副挽联——"神女生涯何是梦？小姑居处又无郎"，如同万箭穿心。

她悲伤的不是这些人借着写挽联的机会当众谩骂她克死了魏斯炅，她难过的是因为她的缘故，他死了也得不到安宁。她想，像魏斯炅那样心淡如水、喜欢安静的读书人，生平最讨厌的就是无谓的喧嚣与折腾。在他的有生之年，他尽力地容忍并不声不响地化解了那些因为他娶了她而产生的诸多惊扰。然而在他身后,他还得再次面对这一切。

她不露声色,行了跪拜之礼后匆匆离去,最后朝着他的灵堂方向深深地看了一眼,在内心说:亲爱的斯炅,我走了,你珍重。

走出灵堂,她像被大风吹拂的浮冰般,纤弱寒冷,又不堪一击,漫漫人世,无处话凄凉。

"水来了,我在水中等你。火来了,我在灰烬中等你。"凡是有灰烬之处,一定有烈火经过。她在自己的心间放了一把火,把所有的前尘往事一寸一寸烧成灰烬,她用自己最后的绝望作为对魏斯炅的陪葬。从此以后,纵世事变迁,她依然缄默若缟素;任长河淙淙,她始终冷漠如止水。

魏斯炅曾说,他与她的结合,意味着她告别旧我的新生。那么他是否知道,他的遽然而去,不仅毁掉了她的第二次生命,还抹灭了她心头仅存的那丝光亮?

人间已无魏斯炅。从此以后,赛金花和爱情也永别了。

魏斯炅去世后的一个月就是元宵节。没有柳梢头的月亮,没有长安城的昆仑奴,也没有暗香中浮动的笑语盈盈。人们把对这一天的纪念化为漫天的鞭炮声,仿佛第二天一到,这一切繁华便如同镜花水月求之不得,所以愈加疯狂愈加奋不顾身,夜有多深,时光流逝得就有多迅速,这炮竹声便有多响亮。正因为良辰

第七章　最后一点的甜

美景值千金,故而这彻夜的烟花震鸣一秒也不肯停歇。

传说,在元宵节那一天的夜晚,穿着一身桃红色衣裳、装扮得像个少女的赛金花低着头,沿着樱桃斜街来来回回,走了一天一夜。

在动荡不安的大时代,也许只有寂寞,才永不会更替,永不会改变,从而也就得以永久地被封存下来。

第八章 美人暮年

明知道人生的尽头便是死的故乡,我将来也是一座孤冢,衰草斜阳。有一天呵!我离开繁华的人寰,悄悄入葬,这悲艳的爱情一样是烟消云散,昙花一现,梦醒后飞落在心头的都是些残泪点点。
　　……我成天踟蹰于垒垒荒冢,看遍了春花秋月不同的风景,抛弃了一切名利虚荣,来到此无人烟的旷野,哀吟缓行。我登了高岭,向云天苍茫的西方招魂,在绚烂的彩霞里,望见了我沉落的希望之陨星。

——石评梅《墓畔哀歌》

第八章 美人暮年

一 居仁里的"江西魏寓"

一个人的一生得有多丰富绚烂,才能抵御晚景的萧疏悲凉?张恨水在《赛金花参与的一个茶会》一文里提到,他的一位朋友在茶会上见到晚年的赛金花,回来感叹道:美人自古如名将,不许人间有白头,赛金花在三十年前死了就好了。张恨水自己却说:其实也不是,白头宫女在,闲坐说玄宗,也是一件有趣的事情。

说到赛金花的晚年,难免悲从中来。非但没有闲坐说玄宗的闲情逸致,甚至从此都与烟笼寒水月笼沙的良辰胜景绝了缘,她每天面对的,只有邋遢的天桥贫民窟,只有顾妈从菜场捡回来的菜叶残渣。且不论她的一生经历了多少繁华与绚烂,与她有过交逢的一些人终其一生都活得体面尊荣,单说这个一生都

我的真相，在春天抵达：赛金花传

在努力地活着的女人，到了生命的暮年，却还得饥一顿饱一顿地生活。更不用提，她在庚子国变期间时所做的事情，使得她本该拥有一个更安宁一点的终局。

这个国家和民族正在众多革命志士和爱国人士的努力下，一天天地朝民主、进步、革命前进。而赛金花，这个一度与历史并肩的女人，却在一天天地困窘、落魄和潦倒。她前四十多年的人生轨迹，从无风平浪静，一直大起大落：从普通人家的女儿到倚门卖笑的花船姑娘，然后成为状元夫人；从状元夫人到高门大户里处处受排挤的姨太太，又成为风光无限出访欧洲的公使夫人；从公使夫人到被逐出家门的寡妇，又成了上海滩的风云交际花；从被驱逐出上海的交际花到天津从头再来的赛二爷，又成了北京八大胡同里艳帜高张的金花班主；从风尘名妓一变而成挽救时局的巾帼英雄，从巾帼英雄再到锒铛入狱的阶下囚，然后成为八卦旋涡中的话题焦点；从话题焦点到回归平凡的普通妇人，却丈夫去世再次成为寡妇；从心灰意冷的寡妇到风靡全国的传奇小说女主角，却再遇爱人步入婚姻携手人生……

如今，斯人已逝，她始终孑然一身，没有家，没有爱。她仿佛又回到了四十多年前父母去世的那个萧索的深秋，孤身一人的她怔怔地站在海棠花纹的窗棂前，感觉一个属于她的少女

第八章　美人暮年

的王朝就这样消失了，感觉她人生中的所有美丽和哀愁、疼痛和敏感、寒冷和微温、慈悲和残忍，全都被岁月的长河裹挟而去了。

常常，岁月赐予一个人多少虚无的荣光，就会惩罚她以多少真实的凄凉；命运将她抬上云端塑造成传奇，也会让她跌进深渊遭遇痛苦折磨。终有一天，上天把那些并不属于她的东西一件一件地给收回去了。

魏斯炅去世后，赛金花和顾妈一起搬到了今宣武区永安路北的居仁里（时称香厂屠仁里）16号居住。她在门口挂着"江西魏寓"的门牌。一直到死，这块门牌都稳稳地挂在门前，只是因为常年的风吹雨打，年久失修，上面的字迹一年比一年模糊，到最后几乎看不见了。也罢，反正那几个字早已刻在了她的心上。

居仁里是当时有名的贫民窟，那里生活着许多被遗弃的老人、孤苦残疾的孩子和体弱色衰的妓女。在这里，自然无人识得赛金花，邻里只知道她深居简出，她身边的老妈子总是穿得干干净净。有些慕名来访的报社记者，在来之前就听说了她如今的遭遇，但来之后还是大为诧异，他们难以想象，那个曾风光明艳、颠倒四方的美人，如今会生活在如此环境中。

有记载说，当年赛金花曾对记者说过一段话："我明知生活苦，也要独守孤灯，为他守节。我虽人老珠黄，似残花败柳，但开窑子，还不轻车熟路？……可我怎么见魏先生？"这话不一定出自她口，不过类似的意思她应该在各种场合流露过。

缺乏变化的时光，对于个人而言，必然过得很慢很慢，慢到从清晨起床的那一瞬间便错觉，当自己再遇上当天傍晚的夕阳时，将是一个世纪之后的事了。

无论是慢还是快，十多年就这样过去了。赛金花已是年逾花甲的老人。是的，这一次她是真的老了。她的衰老，比起其他人总显得更忧伤。年少的时候，为了隐瞒那段烟花岁月，顺水推舟地一并将真实的年龄也瞒去。后来，几十年的浮沉，坎坷万分，折腾无数，她也都挺过来了，说到底拼的就是一世青春年华和一份青春心态。她在心底或多或少都会给自己这样的暗示：既然容颜一如往昔，不曾更改，那么一切也都会好起来的。

如今，她已无可逆转地老去，正如你我，我们每一个人终将逝去的青春。

第八章 美人暮年

二 一纸呈文与新闻头条

六十岁之后的日子，一天比一天寂寥。这倒不是说她的心境，而是客观上她已经渐渐淡出了人们的视线。只是偶尔有些记者或者名流，因为某件事情联想到她，或者在某个场合碰巧与她见到了，便又会谈论几句，话题的中心思想无非物是人非，美人迟暮。他们临走时都会出于怜悯地塞给顾妈一些钱，顾妈虽然推托过，最后也都收下了。搬到居仁里的早些年，赛金花手头还有一些微薄的积蓄，这几年身无分文，她们的生活来源主要都是靠这些零碎赠予了。顾妈没有和赛金花说起，赛金花也从来不过问。

比赛金花小三十多岁的冰心，曾经接受瑞士籍华人作家赵淑侠的采访，如此评论自己曾见过的年迈的赛金花："那时的她，漂亮看不出了，皮肤倒还白净，举止也算得上大方文雅；意外的是，居然跟来访的美国记者用英文交谈了几句。"

她的漂亮的确是看不出了。她能和来访的美国记者用英文交谈，倒不是很意外的事。她当年出使德、俄、荷、奥四国，也是学过一阵英文的。后来在北京城内与八国联军打交道，耳濡目染，英文也长进了不少。

她一生中，不曾进过学堂半步，大部分时光是在三教九流中度过。她在一条苏州的花船里学会了一点爱情和诗词歌赋；在欧洲学会了西洋礼仪和舞步，以及德语、英语和法语；与魏斯炅在一起的几年，又学会了如何平静安定地生活。

她学会了这么多东西，到了晚年，依然孑然一身的她，所需要的唯一技能，依然是活着。

日子虽然过得窘迫，但她每天还是坐在锈迹斑驳的梳妆台前，焚一炉香，然后仔仔细细地梳理发髻。她身上穿的衣裳，再陈旧过时，也是找不到一丝褶皱的。即使每天不出门，只待在家中，她的身上也常年散发着一股脂粉的香气。顾妈了解她，有几次看到她的香膏用得快要见底了，就去市场央求小贩便宜卖点，有时小贩不耐烦，索性也不卖，就抠出一小块打发她，她如获至宝地用手绢包着，一路小跑地回去，趁赛金花不在跟前时，不声不响地倒在她的膏盒里。

这样的生活，因为有顾妈在，好歹还过得去。终于有一天，

第八章　美人暮年

一直贴心照顾她的顾妈也一病不起。赛金花自然倾尽所有为顾妈治病，钱花得一分不剩，病却不见好。两个人忍饥挨饿，贫病交加，连八角钱的房租也交不起了。

房内，顾妈的咳嗽连绵不断。门外，房东在催逼房租，一声高过一声。她凝望着那灰尘扑扑、锈迹斑驳的窗棂，沉默不语，除了轻轻的叹息。窗外冰天雪地，这间房子虽然炉火不旺，到底是能够御寒的。

她披上衣服，坐在梳妆台前，拿出纸和笔，认认真真地写下了几行字。她的一手好字是洪钧教的，写字的时候恭敬有礼的姿态，也是他反复叮咛过的。这些教诲早不知不觉融入了她平时的习惯里。

不过这些年，她无论写什么内容，落款永远是"魏赵灵飞"。这一次，她写的是一纸呈文，请政府帮忙减免她的房租。她言辞恳切所要求的，唯这八角钱的房租。她把呈文交给了每天来居仁里巡逻的片警。

几个年轻的片警捧着那张纸在嬉笑逗乐。他们说：这个姓魏的老太太真有意思，付不起房租就去求房东嘛，政府怎么会搭理她呢？虽然，他们也看到过偶尔去这个魏老太太家登门拜访的新闻记者，但也以为她年轻的时候大概是个戏剧演员，无人知晓她的真实身份。

我的真相，在春天抵达：赛金花传

一个经常跑这一片新闻的《实报》记者走过来，他们便把那份呈文当作笑话般拿给他看。几个片警不认得赛金花，记者却深谙这个名字背后的价值。他小心翼翼地将这张纸叠起来，临走时对那几个年轻的片警说：你们呀，真是有眼不识金镶玉。

曾经艳冠群芳的"护国娘娘"，到老了却付不起贫民窟里一间简陋的小屋的房租——这其中隐藏着多少新闻、多少故事、多少能吸引人眼珠子的剧情！《实报》立马写了一篇长报道《八角大洋难倒庚子勋臣赛二爷》，放在报纸的头条，文章图文并茂，确实引人入胜，配上了三张图——一张居仁里的破败小屋的外观，一张赛金花亲手写的呈文，还有一张是赛金花当年在克林德碑的揭幕仪式上与一众社会名流站在一起的合影，相片中的她笑意盈盈，仪态万方。这几张图摆在一起，即使没有那洋洋万言的叙述，也照样可深入人心。

不出所料，第二天，报纸就被抢购一空。第三天，大批记者蜂拥而至居仁里。

第四天、第五天，各界名流纷纷或托人送钱送物，或亲自带着随从登门造访。这些人包括吴佩孚、张学良、梅兰芳、徐悲鸿、齐白石、张大千。

这是她在生命的暮年，最后一次如此大规模地受人关注。

不管怎样，房租有着落了，顾妈的病是治好了。这一年的寒冬，总算能够度过。

第八章　美人暮年

三　生命落幕

　　赛金花去世的那天，是 1936 年 12 月 4 日。那时候的北京已经很冷了，风刀霜剑严相逼，寒浸浸直入人的心底。顾妈问她，是否有什么心愿未了？她只是一笑，尔后闭目而逝。那一瞬间，她仿佛真的回到了那风姿绰约的年轻时候。她入殓的那天晚上，北京下雪了，白茫茫的一片，倒也显得颇为清净。人们都说，这是天意多情，以一场大雪的方式为赛金花送行。

　　因为有四方的援助，还有人专门为她组了个治丧委员会，所以葬礼办得盛大隆重，雕栏彩绘，富丽堂皇。在她生命中出现过的那些小物件，也被几个细心的人制作成仿品，供奉在她的灵堂前，比如一碗徽州状元饭，洪钧为她题款的《采梅图》和《惠兰图》，瓦德西送给她的自鸣钟等。不同时空、不同品

我的真相，在春天抵达：赛金花传

类的东西，热热闹闹地摆满了贡台。

几十副情真意切的挽联从四面八方送过来，大家歌颂着她在庚子之役时的功劳，哀叹着她晚年的穷愁病死，物是人非。比如，"蟠桃被谪，三次临凡为女身，只凭口德返上阙；劫海宇笼，一志非偶作乾杰，当有英名流芳年"，"往事不堪提，也曾嫁婿登龙，花好月圆无限恨；多情难自讳，纵使归魂化蝶，风流云散有余哀"……当年，人们找到生前与她有几分交情的一位饱读诗书的金先生为她撰写碑文，没想到他只留下一句恶毒而凉薄的"我有我之身份，岂能为老妓诔墓"的话后，扬长而去。另一位正急欲洗刷头顶汉奸之嫌的名流潘先生，毛遂自荐提笔写文，洋洋洒洒地盛赞她"媲美于汉之明妃和戎""其功当时不尽知，而后世有知者"，字字句句都似在为他自己洗白。

就这样，在一片嘈杂之中，赛金花入土为安了。

我想，赛金花倘若死后有知，应该只会为自己的墓碑写上六个字：魏赵灵飞之墓。

从前，我只知道陶然亭北边的松林里，有一座著名的与爱情有关的墓穴——高君宇和石评梅之墓。高君宇去世后，石评梅与他合葬。而魏斯炅去世了，赛金花到死也没能继续和他在一起。

在所有关于赛金花的文字记录里，都说她的墓地是在陶然

第八章　美人暮年

亭锦秋墩南麓的玫瑰山。但如今，在陶然亭却寻觅不到关于她的任何遗迹。人们说，在20世纪50年代修整陶然亭时，她的墓地被迁走，至于迁到了哪里，无人知晓。如今，只在慈悲庵的一个角落，能看到她的那块墓碑，碑文是黑色金字的篆体，据说那是齐白石的真迹。

她死的时候，没有丈夫，没有子女，更无所谓财产，所以一场盛大的葬礼之后，身后事很简单，简单到潦草。

居仁里那间她寄身了多年的小屋里的破旧梳妆台，被她的某个"粉丝"从房东手上买走。那块模糊了字迹的"江西魏寓"的木头门牌也不见了，也许是另一位"粉丝"给收藏了去——或许如此更好吧。对于赛金花而言，这些东西被谁收走、被谁处置，又有何区别呢？顾妈替她把香炉收了起来，而顾妈自己被徐悲鸿好心地接去家里做管家，只做了几天，就告老请辞了，据说一个人回到了乡下。

赛金花没有留下任何遗嘱。装裹入殓的时候，她手上戴着那个彩云戒指，脚上穿着一双花丝鞋，绿色的鞋面上绣着几朵炽红似血的莲花。那些血和花，像是她留给这个世界的最后一句遗言，妖娆而不朽。

在她死后的近一个世纪以来，人们依然在不断地谈论她，演绎她，站在自己的世界中想象着她。而她一生的真相，已经永远无法抵达。

  我知道,她宁愿在所有人的记忆里以一个优美的姿态绝尘而去,正如她临终时的粲然一笑。因为,她最终还是和这个世界,和她的命运,和解了。

赛金花年表

一八六四年

深秋,出生在安徽。

一八八六年

盛夏,与洪钧相遇。

一八八七年

正月,嫁给洪钧。

一八八八年

初夏,启程去欧洲。

我的真相,在春天抵达:赛金花传

一八八九年

德官出生。

一八九一年

认识瓦德西。

一八九二年

冬,回到中国。

一八九三年

秋,洪钧去世。同年赴上海,遇见孙作舟。

一八九八年

夏,进入天津,组建金花班。

一八九九年

入驻八大胡同。

一九〇〇年

重逢瓦德西；庚子议和。

一九〇三年

夏，入狱。

一九〇四年

瓦德西病逝。曾朴之《孽海花》问世。

一九〇五年

与孙作舟解除关系。

一九〇八年

隐居上海。

一九一一年

嫁给曹瑞忠。

一九一二年

曹瑞忠去世。德官去世。回到上海，金花书寓开张。《孽海花》轰动上海。

我的真相，在春天抵达：赛金花传

一九一三年

认识魏斯炅。

一九一八年

嫁给魏斯炅。

一九二一年

魏斯炅去世。

一九三六年

寒冬，去世。